AF309083

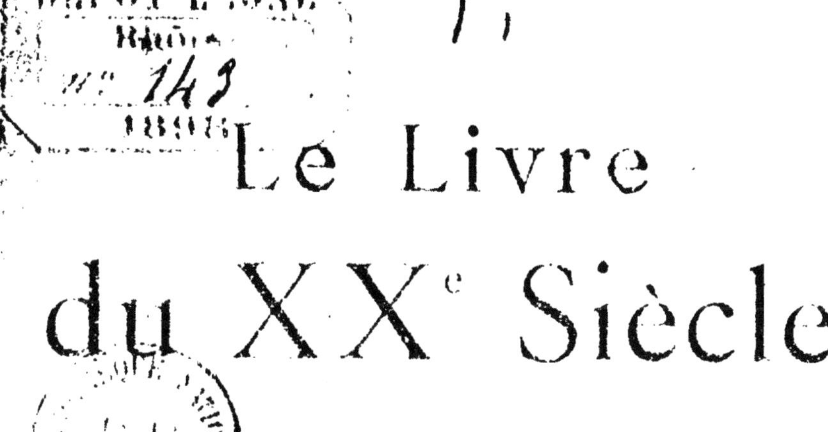

Le Livre du XXᵉ Siècle

CATÉCHISME SOCIAL ET POLITIQUE

— PREMIERS CHAPITRES —

PAR

Lᵉ Cᵗᵉ PAUL COTTIN

ANCIEN DÉPUTÉ

PARIS

GUILLAUMIN ET Cⁱᵉ, ÉDITEURS

14, rue Richelieu, 14

LYON

AUGUSTE COTE, LIBRAIRE, place Bellecour, 8.

Le Livre
du XXᵉ Siècle

CATÉCHISME

SOCIAL ET POLITIQUE

— PREMIERS CHAPITRES —

OUVRAGES DU MÊME AUTEUR

L'Enseignement Primaire dans les campagnes.

Trois Députés.

Lettre d'un Franc-Tireur.

Un Député en Algérie.

Nos Finances.

L'Impôt militaire.

Discours parlementaires (1871-1875) : Décentralisation, Instruction publique, Lois constitutionnelles, Finances.

Rendement de compte.

Le pays de Gex.

Les prochains Traités de commerce.

Lyon. — Imp. A. Rey, 4, rue Gentil. — 17045

Le Livre du XXe Siècle

CATÉCHISME
SOCIAL ET POLITIQUE

— PREMIERS CHAPITRES —

PAR

LE C^{TE} PAUL COTTIN

ANCIEN DÉPUTÉ

PARIS

GUILLAUMIN ET CIE, ÉDITEURS
14, rue Richelieu, 14

1898

AVANT-PROPOS

En France, le XIXe siècle finit dans le désordre moral et l'inquiétude.

D'aucuns attribuent ce fait à l'action du Gouvernement.

Ils s'en exagèrent la puissance.

Une cause plus profonde du mal est le trouble qui règne dans les esprits en face des idées sociales les plus élémentaires.

Droit, Liberté, Tolérance, Autorité, Pouvoir, Gouvernement, État social, État politique, Rapports du spirituel et du temporel, Patrie, Patriotisme, Progrès, Civilisation, sont autant de choses sur lesquelles tous discutent et bien peu s'entendent.

Chacune de ces choses, pourtant, est une idée, et l'ensemble de ces idées est un des fondements de l'ordre social.

La même incohérence règne dans le langage.

Le vrai ne change pas, mais les mots qui l'expriment perdent de plus en plus leur sens exact, précis et primitif.

La pauvreté de la langue, le chaos intellectuel, la multiplicité et l'ignorance des lettrés en sont la cause.

Or l'esprit de l'homme ne conçoit clairement une idée qu'au moyen d'un terme qui la limite et l'incarne.

Le vague des expressions aide donc puissamment au trouble des intelligences.

Ce doit être l'œuvre des écrivains dignes de ce nom, au seuil d'un nouveau siècle, de ramener un peu de clarté dans ces esprits et dans leur langue.

Ce livre est une pierre apportée à cet édifice nécessaire.

Beauregard, Février 1898.

SOMMAIRE

DU CHAPITRE PREMIER

Le Livre
du XXe Siècle

CATÉCHISME
SOCIAL ET POLITIQUE
— PREMIERS CHAPITRES —

CHAPITRE I

LES AXIOMES SOCIAUX

Ce *Livre* n'est pas une *Philosophie*.

A l'exemple des mathématiciens qui fondent tout leur édifice sur un certain nombre de propositions évidentes et que, pour ce motif, ils n'essayent pas de démontrer, on considère donc pareillement ici comme admises certaines vérités tantôt visibles par elles-mêmes, tantôt faciles à établir au moyen de l'observation directe, soit des faits internes dont tout homme a conscience[1], soit des faits historiques.

[1] Sensations, actes intellectuels et volontaires, idées absolues.

En voici quelques-unes :

I. *Il y a un Dieu*[1].

II. *Il y a une âme*[1].

III. *Il existe hors de l'esprit humain, et directement aperçue de lui, une règle absolue, éternelle, immuable des volontés humaines, règle qui, comme l'indiquent ces caractères, est Dieu lui-même*[2]. *On l'appelle* **Devoir**.

[1] Des trois causes distinctes dont les manifestations, les substances et les lois forment le cercle des connaissances humaines, Dieu est la plus visible, puisque l'homme ne pense, ne parle, ne se détermine que moyennant la vision d'axiomes, de lumières absolues qui sont Dieu même.

L'âme directement consciente de ses propres manifestations (*sensations, pensées, sentiments, volontés*) se connaît facilement aussi par là.

Le monde extérieur caché derrière le voile des sensations, intermédiaires obligées entre l'âme et lui, est, pour ce motif, plus malaisé à saisir; si son existence est certaine, sa nature est pour la science un perpétuel sujet d'hypothèses.

[2] Χορός.   Εἴ μοι ξυνείη φέροντι
μοῖρα τὰν εὔσεπτον ἁγνείαν λόγων
ἔργων τε πάντων, ὧν νόμοι πρόκεινται
ὑψίποδες, οὐρανίαν
δι' αἰθέρα τεχνωθέντες, ὧν Ὄλυμπος
πατὴρ μόνος, οὐδέ νιν
θνάτα φύσις ἀνέρων

IV. *L'homme est responsable devant Dieu de l'accomplissement de son devoir.*

V. *L'homme a le devoir de se développer physiquement, intellectuellement et moralement.*

VI. *L'homme est un être social; il a besoin, pour se développer, du secours de ses semblables.*

> ἔτικτεν οὐδέ μήποτε λάθα κατακοιμάσῃ·
> μέγας ἐν τούτοις θεὸς, οὐδὲ γηράσκει.
>
> ΣΟΦΟΚL. ΟΙΔΙΙΙ. ΤΥΡ.

> *Le chœur.* Que le sort me donne de conserver
> la sainte pureté de toutes les paroles
> et de toutes les actions, dont les lois
> ont leurs racines en haut, lois émanées
> du ciel, dont l'Olympe
> seul est le père, que n'a point
> créé la nature mortelle des hommes
> et que l'oubli ne détruira jamais!
> En elles vit le Dieu tout-puissant et il ne
> vieillit pas.
>
> (Soph., *Œdipe-roi*).

— « L'entendement a pour objet des vérités éternelles..... L'homme qui voit ces vérités par ces vérités se juge lui-même et se condamne quand il s'en écarte. Ou plutôt ce sont ces vérités qui le jugent puisque ce ne sont pas elles qui s'ac-

VII. *L'homme ne naît pas bon*[1] *et, dès lors, n'atteint pas naturellement sa fin primitive et normale.*

VIII. *Ce désordre, cette anomalie, cette*

commodent aux jugements humains, mais les jugements humains qui s'accommodent à elles.

« Ces vérités éternelles que tout entendement aperçoit toujours les mêmes, par lesquelles tout entendement est réglé, sont quelque chose de Dieu ou plutôt sont Dieu même.

« Car toutes ces vérités éternelles ne sont, au fond, qu'une seule vérité. En effet, je m'aperçois, en raisonnant, que ces vérités sont suivies. La même vérité qui me fait voir que les mouvements ont certaines règles, me fait voir aussi que les actions de ma volonté doivent aussi avoir les leurs. Et je vois ces deux vérités dans cette vérité commune qui me dit que tout a sa loi, que tout a son ordre : ainsi la vérité est une de soi. Qui la connait en partie en voit plusieurs, qui les verrait parfaitement n'en verrait qu'une. » (BOSSUET, *Connais. de Dieu et de soi-même,* chap. IV, V.)

[1] « L'animal social possède dès sa naissance tous les éléments de son propre bonheur et il est apte à servir sa communauté. Pour remplir son office il reçoit peu de chose ou même n'attend rien de l'éducation. A peine sortie de son enveloppe natale, l'abeille part sans hésiter, pour la récolte de la cire ou du miel. Dès lors, elle obéit docilement à l'impulsion que les chefs impriment, soit pour créer, soit pour défendre contre l'ennemi le patrimoine de l'association. Etudié au point de vue du concours donné à la paix sociale, l'individu sort « complet » des mains du Créateur.

« Considéré au même point de vue dans les sociétés hu-

*contradiction, ce fait étrange que l'homme
ait été créé pour une fin et que naturellement
il n'y parvienne pas, ne peut s'expliquer que*

maines, l'individu présente les caractères opposés. Au début
de sa vie, il reste longtemps incapable de pourvoir au
bonheur de ses associés et même au besoin de sa propre
existence.

« L'enfant n'est point spontanément porté au bien, loin de
là, il montre une tendance innée vers le mal. Abandonné à
cette tendance, il manifeste une volonté inintelligente presque toujours contraire aux intérêts de tous. Il ne cède que
sous la pression de la force à l'autorité de ceux qui le protègent contre sa propre faiblesse ou qui ont le devoir de
veiller à la prospérité commune. S'il garde le pouvoir d'agir
selon ses propres inclinations, le jeune homme ne reste pas
seulement imparfait; il devient de plus en plus insociable.

« Les pères en fondant leurs familles acquièrent naturellement la connaissance de ces vérités fondamentales. Ceux qui
accordent quelque attention aux faits de leur vie journalière
en concluent que l'individu, laissé à ses seules inspirations,
reste incapable d'apporter au bien-être de la société dont il
est membre le concours que chaque animal social donne
spontanément à son espèce. Ils comprennent, en outre, que
les degrés de souffrance et de prospérité observés dans une
société d'hommes sont dans un rapport immédiat avec les
idées dominantes, les mœurs et les institutions qui encou-
ragent ou avec celles qui répriment les tendances innées des
individus. Depuis un demi-siècle, je poursuis à ce sujet une
enquête sur toutes les races humaines. De loin en loin j'ai
rencontré des opinions discordantes chez quelques lettrés,

*par une faute par lui commise à l'origine et
dont sa situation actuelle soit la conséquence.*

Ces vérités de bon sens et d'autres sem -

mais j'ai toujours constaté l'unanimité et l'énergie des con-
victions chez les hommes qui, même dans les situations les
plus modestes, ont acquis quelque renom en exerçant un art
utile. » (LE PLAY, *les Ouvriers européens*, I, III.)

— « La faiblesse des organes est innocente chez les enfants,
mais non pas leur âme. J'ai vu, j'ai vu moi-même un petit
enfant dévoré par la jalousie ; il ne parlait pas encore ; mais,
tout pâle, il regardait d'un œil haineux son frère de lait...
Est-ce innocence, chez un enfant, que de ne vouloir pas par-
tager une source de lait si abondante, et même trop abondante, avec un enfant aussi faible que lui ?... Est-ce là donc,
mon Dieu, cette innocence des enfants ! Non, cette innocence
n'existe pas. Ce qu'ils sont alors avec leurs maîtres et leurs
pédagogues pour les noix, les balles, les oiseaux, ils le sont
plus tard avec les rois et les magistrats, pour de l'or, des
terres, des esclaves ; les objets de la passion changent avec
les années, comme de plus grands supplices succèdent aux
châtiments de l'enfance ; mais, au fond, c'est toujours la même
chose. Vous n'avez eu d'autre pensée que de nous donner une
leçon d'humilité dans la petite stature des enfants, lorsque
vous avez dit (S. MATTH., XIX, II) : « Le royaume des cieux
« est à ceux qui leur ressemblent. » (S. AUGUSTIN, *Confes-
sions*, I, VII, 19.)

— « Personne n'est absent de souillure, pas même l'enfant
qui n'est que depuis un jour sur la terre. » (JOB, XIV, 4.)

— « Les lettrés et les gouvernants à théories qui marchent

blables, admises sans conteste par les masses humaines spontanées, ne le sont pas toujours par les intelligences dites cultivées.

Tous les aperçoivent, mais tous ne consentent pas à les affirmer.

Cette situation d'esprit, pour contradictoire qu'elle soit, n'est pas nouvelle.

Périodiquement, au cours de l'humanité, un certain nombre d'hommes nient systématiquement, en tout ou en partie, l'existence de ce qu'ils voient.

Conduisant leurs pensées par de fausses

encore à la suite de J.-J. Rousseau continuent à ne pas tenir compte de l'ignorance, de la faiblesse, de la perversité innée de l'enfant. Ne se rendront-ils pas aux preuves nouvelles, qu'en a données un homme peu suspect aux amis des nouveautés et qui est en même temps un savant observateur? M Darwin a étudié jour par jour l'un de ses enfants; or, avant l'âge de deux ans, il avait pu reconnaitre en lui et consigner dans son journal, au milieu d'instincts de bonté, d'intelligence et d'affection, cette suite de sentiments mauvais : la colère, la crainte, la jalousie, le respect humain, la dissimulation et le mensonge. » (DARWIN, *Esquisse d'un enfant;* Revue anglaise *The Mind,* 1877). — (LE PLAY, *les Ouvriers européens,* I, 3.)

directions qu'ils appellent quand même du nom de *science*, ils refusent d'admettre *scientifiquement* ce qu'ils aperçoivent *naturellement*.

Il n'y a rien là de surprenant pour qui étudie sans passion les voies diverses que suit dans son travail la pensée humaine.

Ici la source de tout le mal est dans une observation incomplète des faits constatables.

Quand les panthéistes allemands, par exemple, uniquement préoccupés des faits absolus, affirment que tout est Dieu, c'est qu'ils négligent de constater l'existence, évidente aussi, des faits contingents.

Quand, à l'autre bout de l'échelle, les positivistes français, exclusivement adonnés à l'observation des phénomènes dits extérieurs, refusent à l'esprit humain le droit d'affirmer l'existence de la Divinité, celle de l'âme, voire même celle de toute cause substantielle quelle qu'elle soit, c'est qu'une observation incomplète laisse en dehors de leur champ d'étude et d'expérience les faits absolus et les faits libres.

Quand le matérialiste Broussais, pour n'en citer qu'un, se refusait à admettre l'existence de l'âme humaine, alléguant pour motif qu'il ne l'avait jamais rencontrée sous son scalpel, il témoignait simplement, par là, d'une observation exclusive des faits physiologiques et d'un manque regrettable d'observation des faits psychologiques. Une observation plus complète l'eût conduit scientifiquement à un autre résultat.

C'est ainsi que des esprits exclusifs et qu'on dit éminents, ne sont éminents que sur un point et très bornés sur d'autres, cela au grand détriment de l'expansion de la vérité dans le monde.

L'observation complète conduit à la vérité. L'observation incomplète est la source de toute erreur.

Mais s'il est possible à un esprit de fausser sa direction réfléchie, scientifique, en concentrant exclusivement son attention et ses affirmations sur un ou deux ordres de faits, il ne lui est pas possible de fausser sa nature même, au point d'échapper à la perception involontaire et spontanée des autres faits évidents que scientifiquement il néglige [1].

C'est ainsi que, bon gré mal gré, l'esprit humain aperçoit *naturellement* ce qu'il nie parfois *scientifiquement*.

On se tromperait donc en pensant que les hommes qui, sous le coup d'une méthode d'observation incomplète, arrivent de bonne foi [2] à la négation dite scientifique de tout ou

---

[1] Tout homme, par exemple, aperçoit naturellement, spontanément en lui-même, certains faits distincts et irréductibles : *faits sensibles*, *faits volontaires*, *faits absolus*, et en conclut spontanément aussi à l'existence de causes correspondantes, également distinctes, et auxquelles on donne les noms de *monde extérieur, âme, Dieu*. C'est par là que l'esprit commence. La négation scientifique, quand elle se produit, ne vient qu'après.

[2] Ces négations dites scientifiques peuvent se produire de bonne foi, surtout à notre époque où l'extension toujours plus vaste que prend le champ des connaissances humaines porte

partie des vérités préliminaires énoncées plus haut (I, 12), n'aient que faire de lire les chapitres qui vont suivre.

Dans ces esprits divisés contre eux-mêmes, la vérité naturelle qu'ils voient lutte contre l'erreur qu'ils affirment.

Ils sont aptes, dès lors, malgré eux, à saisir

les hommes d'étude à localiser de plus en plus leurs efforts, à limiter de plus en plus leur horizon.

On comprend facilement qu'un esprit honnête, mais adonné toute sa vie à l'étude exclusive d'un certain ordre de faits et n'exerçant chez lui, dès lors, qu'un seul ordre de facultés d'observation, puisse subir, comme conséquence, l'atrophie progressive d'autres facultés naturellement destinées à lui faire constater scientifiquement d'autres faits et affirmer d'autres existences. Or un esprit ainsi déséquilibré dans le jeu naturel de ses facultés de réflexion, d'observation et d'expérimentation, peut arriver aisément à affirmer de très bonne foi qu'il n'y a vraiment d'existences que celles que sa voie scientifique, ainsi tronquée, lui permet d'atteindre.

Cette bonne foi n'ôte rien, d'ailleurs, à sa responsabilité, laquelle remonte à l'époque plus ou moins reculée où cet esprit, libre par essence et tenu de développer parallèlement ses différents ordres de facultés naturelles, s'est laissé entraîner à n'en exercer qu'une partie, mutilant ainsi peu à peu, et irrémédiablement peut-être, son pouvoir de connaître.

et à admettre les conséquences vraies qu'on va développer.

Ce livre s'adresse donc à tous. Certaines évidences faites pour confirmer dans leurs principes les esprits raisonnables peuvent ébranler les autres dans leurs négations.

Or le doute, en pareil cas, est proche de la vérité.

SOMMAIRE

DU CHAPITRE DEUXIÈME

Droit. — Inviolabilité. — Condition de l'inviolabilité individuelle. — Origine du Droit. — Antériorité du
Devoir. — Le Devoir dans l'Humanité. — Historique
du Droit. — Droits de l'homme et christianisme. —
Christianisme éducateur. — Psychologie. — Christianisme libérateur. — Perpétuité nécessaire de l'éducateur. — Vrai. Science. Inventions. Vapeur. Electricité.
Barbarie. — L'homme maître de ses destinées sociales.
— Nouveaux axiomes.

CHAPITRE II

LE DROIT [1]

— Qu'est ce que le Droit ?

L'Inviolabilité de l'individu. — *J'ai le droit d'exister* signifie : *Je suis inviolable dans mon existence.* — *J'ai le droit d'enseigner* veut dire : *Je suis inviolable lorsque j'enseigne.*

— Que veulent dire ces mots : *Je suis inviolable ?*

[1] Peu de mots dans notre langue ont revêtu des sens plus divers, en apparence, que celui-là. *Droit, Droit naturel, Droit écrit, Droit individuel, Droit de l'homme, Droit privé, Droit public, Droit civil, Droit politique, Droit social, Droit des gens, Droit international,* sont autant d'expressions dont chacune exigerait une définition spéciale. Le droit dont on parle ici est celui dont tous les autres ne sont que des dérivés : *le Droit naturel* de l'homme, de l'individu.

Ils veulent dire que nul ne peut *légitime-ment* se placer entre moi et mon action.

— Que faut-il pour que nul ne puisse légitimément se placer entre moi et mon action?

Il faut que cette action soit commandée par une loi supérieure et absolue, de l'accomplissement de laquelle je sois responsable[1].

— Y a-t-il une loi supérieure et absolue des actions humaines, loi de l'accomplissement de laquelle l'individu soit responsable?

Oui, on l'appelle: *Loi morale* ou *Devoir* (I, 12).

— Qu'est-ce donc que le Droit?

Le Droit est l'inviolabilité de celui qui accomplit son Devoir[2].

---

[1] Il n'y a pas de loi contre une loi supérieure et absolue. Toute opposition à celle-ci est donc nécessairement *illégitime*.

[2] L'inviolabilité est une manière d'être de la réalité substantielle qui est l'homme. Une définition rigoureuse du Droit serait donc celle-ci : *Le Droit c'est l'homme lorsqu'il agit en conformité avec son Devoir.*

— Le Devoir est donc la raison d'être du Droit, la condition première et essentielle de son existence?

La définition même de ce Droit l'indique clairement[1].

— Dirons-nous donc que là où il n'y a pas de Devoir il n'y a pas de Droit?

Sans doute. Une action qui n'a pas sa raison d'être dans une loi supérieure et absolue n'a d'autre raison d'être que la volonté de celui qui la fait. Pourquoi, dès lors, une volonté voisine ne se mettrait-elle pas en travers de celle-là? Une volonté, dans ces conditions, en vaut une autre.

Inviolabilité, Droit, deviennent ici des mots vides de sens.

L'individu n'est plus *inviolable*. Il ne peut

---

[1] L'ignorance et la légèreté ont donné lieu à une locution aussi fausse que banale. On dit et on écrit couramment : « J'ai *le droit et le devoir.* » On voit qu'il faut dire : « J'ai *le devoir et le droit.* »

être qu'*inviolé*, à la condition d'être le plus fort[1].

— L'existence et le développement du Droit dans une Société supposent donc, avant tout, chez les individus qui la composent, l'existence et le développement de la notion du Devoir et de la Responsabilité qui en découle?

C'est la conséquence naturelle des faits qui précèdent.

— Cette notion du Devoir existe-t-elle chez tous les hommes?

L'histoire des hommes présents et passés nous fait constater chez tous l'existence de cette idée générale qu'*il faut vouloir certains actes à l'exclusion de leurs contraires*.

Si l'on appelle *Bien* ce qu'il faut vouloir,

---

[1] L'homme d'État qui a dit : *La force prime le droit*, niait implicitement par là-même le fait d'un devoir absolu, source de ce droit que foulait aux pieds sa maxime.

Cette méconnaissance, chez le prince de Bismark, des principes nécessaires, suffirait à expliquer les défaillances de caractère qui ont marqué la dernière partie de sa carrière d'homme d'État.

l'idée générale et universelle dont on parle peut se formuler ainsi : *Il faut vouloir le Bien.*

Mais l'histoire constate en même temps que, si tous les hommes s'accordent à reconnaître qu'il faut vouloir le Bien, ils diffèrent singulièrement sur la question de savoir en quoi consiste ce Bien qu'il faut vouloir. A ce point de vue, les opinions les plus contradictoires se partagent l'humanité.

— La connaissance intégrale, claire et distincte du Devoir, en tant que loi supérieure et absolue, règle unique, certaine et obligatoire des divers ordres d'actions humaines, ne se trouve donc pas chez tous les hommes?

Si l'on considère l'humanité dans son ensemble, on peut dire que cette connaissance n'a jamais été jusqu'ici que le partage du petit nombre.

— Qu'en est-il résulté au point de vue du Droit ?

Il en est résulté, pour la majeure partie de

l'humanité, l'absence du Droit et le règne de la force.

— Trouve-t-on quelque part, universellement admise et susceptible, par conséquent, de provoquer l'apparition du Droit dans la Société, la notion complète, claire et distincte d'une loi supérieure et absolue, règle unique, certaine et obligatoire des divers ordres d'actions humaines ?

Oui, on la trouve dans les Sociétés où est enseignée et généralement acceptée la religion extérieurement révélée qu'on appelle Christianisme. Là seulement cette notion se rencontre à l'état d'idées universellement admises, capables par conséquent de susciter une organisation sociale sur la base de l'apparition successive, de la reconnaissance et du respect des Droits de l'homme. En dehors du Christianisme, cette notion n'existe qu'à l'état d'exceptions individuelles et sans influence suffisante sur l'organisation et la marche des Sociétés.

Dans l'antiquité, de grands poètes ont chanté les vérités morales, quelques philosophes les ont proclamées au péril de leur vie, ces visions isolées d'esprits supérieurs ont été impuissantes à faire pénétrer dans les Sociétés où ils vivaient la vraie notion du Devoir et celle de l'inviolabilité humaine.

Quand on y a prononcé le mot de Dro't, ce n'a été qu'en le dénaturant.

Le nom y était, non pas la chose.

On y a proclamé le Droit du citoyen, on n'y a pas connu le Droit de l'homme.

Le citoyen romain avait des Droits à Rome et partout où la puissance romaine pouvait le protéger ; le citoyen d'Athènes était respecté à Athènes et là où la main d'Athènes pouvait le suivre : en dehors et au delà ils redevenaient une chose dont chacun pouvait user et abuser suivant sa volonté.

Ni les chants des poètes, ni les discours des philosophes n'ont modifié les croyances et les mœurs du paganisme.

La Société grecque, de toutes la plus éclairée, a tué Socrate, exilé Platon, divinisé les passions les plus grossières et vécu de cette chose hideuse qui, dans la plus policée de ses républiques, nous met en face de vingt mille maîtres et de trois cent mille esclaves.

Seul l'ensemble de dogmes et de préceptes qu'on appelle Christianisme a eu la puissance de dégager l'esprit humain de ses obscurités, de l'amener à l'idée vraie du Devoir, à celle de la responsabilité, et de faire apparaître dans le monde la notion de l'inviolabilité individuelle.

C'est un fait historique.

— Faut-il conclure de là que l'esprit humain, livré à lui-même, abandonné à ses propres forces, ne s'élève pas à la notion claire, complète et distincte du Devoir et à la création du Droit ?

C'est ce que semble démontrer une expérience de six mille ans.

— Est-ce à dire que l'esprit humain soit incapable de s'élever à la conception de son Devoir et à la notion de son inviolabilité?

Loin de là. L'homme possède en lui-même les forces nécessaires pour concevoir les vérités morales, vouloir y conformer ses actions et faire apparaître ainsi la série de ses inviolabilités. Ce que l'expérience démontre, c'est que ces forces n'acquièrent leur développement normal qu'autant qu'elles y sont aidées par une autre force, force *éducatrice*.

Quand, au moyen de ce secours extérieur, l'homme s'est développé en entendement et en volonté, de lui-même alors il voit clairement toutes les vérités morales, prend conscience de sa responsabilité et crée son Droit.

C'est l'aurore d'une civilisation.

— Quel moyen emploie le Christianisme pour développer l'entendement humain ?

La vérité, éternelle et immuable, brille sans

cesse devant l'esprit de l'homme, mais, comme on vient de le voir, cet esprit, livré à lui-même, ne l'aperçoit qu'enveloppée de nuages.

Il est doué pourtant, cet esprit humain, d'une force intellectuelle susceptible de lui faire percevoir clairement cette vérité qui est sa loi, mais cette force à elle seule ne se développe pas.

Elle ne se développe pas parce qu'elle n'agit pas.

Elle n'agit pas parce que l'homme, abandonné à lui-même, tend invinciblement à se laisser dominer par cet autre élément de sa nature qu'on appelle les sens et l'imagination, élément fatal et passif[1], destructeur par là-même de toute activité intellectuelle.

C'est là qu'est la racine du mal et c'est là que le Christianisme déploie sa puissance.

---

[1] *Fatal* dans son action, mais non dans ses résultats qui peuvent être efficacement combattus par la liberté morale.

Passif dans son résultat qui est de diminuer l'activité naturelle de l'âme humaine.

Rappelant sans relâche à l'esprit de l'homme les vérités supérieures naturelles, lui en proposant même de plus élevées, il excite en lui, d'une part, le désir de connaître.

Attaquant de front, d'autre part, dans ce même homme, par ses préceptes moraux, sa discipline et son action intérieure, l'empire des sens et de l'imagination, il arrache son esprit à l'état passif où le réduit la prédominance de ces mêmes sens sur l'entendement, restitue de la sorte à cet entendement son activité naturelle et rend possible, dès lors, cet effort intellectuel d'où dépend la vision de la vérité[1].

— Quel est donc, en résumé, le levier éducateur que le Christianisme met en œuvre pour arracher l'humanité à l'ignorance et à la barbarie ?

[1] « Heureux ceux qui ont le cœur pur, car ils verront Dieu. »

Les contemplatifs sont des ascètes.

Le Nirwana des Hindous est une exagération de la même idée.

L'affranchissement de la pensée humaine.

La pensée humaine affranchie s'élève naturellement à la vérité; la volonté sollicitée par la vérité morale enfin connue tend à la réaliser en actes extérieurs; l'inviolabilité individuelle apparaît.

— Si le Christianisme joue ainsi dans les Sociétés le rôle d'éducateur nécessaire, une Société ne pourrait-elle, une fois cette éducation achevée, mettre de côté ce même Christianisme et marcher de ses propres forces?

Elle le pourrait si l'éducation ainsi donnée avait pour résultat de changer, une fois pour toutes, la nature humaine.

Mais il n'en est rien.

L'homme naît toujours dans le même état (I, 14), soumis à l'influence prépondérante des sens et de l'imagination, entraîné par des passions diverses, rebelle aux ordres d'une loi morale vaguement entrevue, sans droit déterminé par conséquent, et jouet de la force brutale.

Que peuvent pour lui, dans ces conditions, ses semblables, quelqu'éclairés et moraux qu'on les suppose?

Lui donner la vérité ?

Mais l'esprit humain baigne dans la vérité comme le monde dans la lumière.

S'il ne la voit pas, ce n'est point qu'elle lui manque.

Ce n'est pas l'absence de vérité qui fait que la vérité n'est pas perçue, c'est l'absence d'activité intellectuelle, de vie rationnelle et l'aveuglement qui en résulte.

La vérité ne se donne pas, elle s'acquiert.

Quand une génération affranchie dans sa vie intellectuelle par le Christianisme serait en possession de toutes les vérités sans exception, elle n'aurait point, par cela seul, la puissance de les communiquer à d'autres. Il faut nécessairement que ceux-là fassent à leur tour et pour eux-mêmes ce travail intérieur qu'ont fait leurs devanciers.

Qui donc affranchira leur pensée ? Qui provoquera en eux cette opération nécessaire, mais contraire à toutes les tendances inférieures de leur nature, et qui consiste à dompter les sens pour laisser à l'esprit son libre jeu ?

On a vu, tout à l'heure (I, 33) que seule la force éducatrice qu'on appelle Christianisme obtenait un pareil résultat.

Elle est donc aussi· indispensable aujourd'hui qu'hier, aussi nécessaire aux générations nouvelles qu'aux générations passées, et, si l'éducateur venait à disparaître, disparaîtraient aussi avec lui les résultats que seul il obtient[1].

---

[1] Ce que l'on dit ici des vérités morales et de celles de leurs conséquences qu'on appelle le Droit, est tout aussi exact des vérités intellectuelles, des vérités esthétiques et de leurs conséquences propres.

Un esprit superficiel se révolte à la pensée que les sciences mathématiques, physiques et chimiques, avec le nombreux

L'observation des faits confirme cette vérité d'une manière frappante. Les Sociétés
dites civilisées constituent à cet égard un
champ d'expérience permanent.

Chaque fois, en effet, que dans une portion
de ces Sociétés on voit s'affaiblir ou s'éteindre
l'idée et l'action chrétiennes, on y voit appa-

cortège de leurs applications contemporaines, ne seraient pas,
une fois acquises, un patrimoine nécessairement et indéfiniment communicable.

Il lui semble, par exemple, que la vapeur, l'électricité et
leurs effets pratiques sont, de toute évidence, un domaine
définitivement approprié et fixé pour toujours par l'humanité.

Il se trompe pourtant.

Les inventions modernes ne sont que des applications de
la science des choses extérieures. Or cette science elle-même,
quelque besoin qu'elle ait pour naître et se développer de
l'observation consciencieuse des phénomènes physiques et
chimiques, n'en repose pas moins, dans son principe et dans
sa marche, sur un certain nombre d'axiomes, vérités éternelles qui sont la base de tout.

Si l'entendement agit, ces axiomes sont vus clairement,
creusés, pénétrés; les faits coordonnés et généralisés; les
inductions légitimement poursuivies; les conséquences
scientifiques logiquement déduites; les applications cher-
chées et trouvées.

Si l'entendement n'agit pas, rien ne se voit, partant rien
ne se fait. L'homme redescend au niveau de la bête qui per-

raître aussitôt la négation du Devoir, le mépris du Droit, la force brutale en un mot.

— Si tout cela est vrai, s'il est vrai que l'existence du Droit dans la Société ait pour fondement essentiel la notion intégrale, claire et distincte de Devoirs supérieurs et absolus, règles certaines et obligatoires des divers ordres d'actions humaines ; s'il est vrai,

çoit comme lui, et souvent mieux que lui, les phénomènes dits du monde extérieur, sans en connaître, pour cela, ni les causes ni les lois.

Les sciences, inventions et applications merveilleuses du xixᵉ siècle, ont leur sources dans les intuitions profondes des Pascal, des Leibniz, des Newton.

Les seuls essais de science ébauchés dans l'antiquité furent l'œuvre des philosophes, c'est-à-dire des pensants. Ils disparurent avec eux.

Qu'on ôte cela, on ôte tout.

Deux ou trois siècles d'aveuglement et de barbarie suffiraient à effacer les traces de ce dont notre époque s'enorgueillit si fort.

Comme l'Arabe nomade d'aujourd'hui plante inconsciemment sa tente sur les colossales assises des ruines de Baalbek, œuvre puissante d'un art oublié, ainsi le Franc sauvage d'alors parcourant à l'aventure les forêts revécues de l'ancienne Gaule, foulerait distraitement aux pieds les rails et les poteaux enfouis sous les mousses séculaires.

d'autre part, que cette notion n'apparaisse telle, ne se maintienne et n'agisse efficacement dans le monde qu'à la suite et à l'aide du Christianisme, que faut-il en conclure dans le sujet qui nous occupe ?

Il faut en conclure que le moyen de faire apparaître et de développer le Droit dans une Société, c'est d'y faire apparaître et d'y développer ce même Christianisme, éducateur nécessaire.

— L'homme est-il donc le maître de ses destinées sociales ?

Oui. De même que, dans les hautes vallées, l'homme respectant ou détruisant les végétations naturelles éteint ou crée à son gré les torrents dévastateurs, de même, dans la Société, développant ou combattant l'idée chrétienne il marche à la civilisation ou s'enfonce dans la barbarie.

La cause et l'effet sont entre ses mains.

Corollaire

— Quelle est, au point de vue des principes sociaux, la conséquence naturelle des faits historiques constatés au cours de ce chapitre ?

Ces faits ont pour conséquence naturelle d'ajouter à la série des axiomes sociaux précédemment formulés (I, 12), les deux propositions suivantes :

IX. *L'homme est un être religieux; il a besoin, pour se développer, d'une révélation divine extérieure* [1].

[1] On appelle *Religion*, dans le sens le plus étendu du mot, l'ensemble des rapports existant entre Dieu et l'âme humaine.

Ces rapports sont de deux sortes.

Il existe en dehors de l'esprit humain des vérités éternelles et absolues. C'est la Raison, objet de l'entendement.

Sous le nom de Raison théorique, Raison pratique, Raison esthétique, ces vérités se proposent à l'homme comme règle de ses pensées, de ses volontés et de ses créations.

L'esprit de l'homme se trouve ainsi en rapport naturel et direct avec la divinité.

On appelle ordinairement *Religion* naturelle l'ensemble de ces rapports.

On entend aussi par *Religion* des rapports surnaturels

X. *Le Christianisme est la religion vraie* [1].

entre l'âme humaine et cette même Divinité, rapports résultant d'un ensemble de vérités extérieurement révélées.

C'est dans ce dernier sens que les deux propositions additionnelles ici formulées emploient cette expression.

[1] Il ne peut y avoir qu'une seule religion vraie, c'est-à-dire un seul ensemble de vérités extérieurement révélées et en rapport parfait, *vrai*, avec les besoins de la nature humaine.

C'est là une proposition évidente par elle-même.

La proposition contraire, assez souvent formulée, est le résultat d'une erreur de bon sens.

« Toutes les religions sont bonnes » est un de ces dictons vulgaires par où se montre la possibilité, pour l'esprit humain, de produire des affirmations en contradiction avec le sens commun.

L'entendement, en effet, se refuse à concevoir entre deux êtres et sur le même point deux rapports également vrais et pourtant distincts l'un de l'autre.

La vérité est une. Deux vérités semblables ne sauraient exister concurremment. *Un n'est pas deux*, et toute proposition contraire est une proposition absurde.

Sans doute l'imagination peut créer ce fantôme de deux vérités tout à la fois semblables et distinctes. La raison s'y refuse.

Deux ensembles de vérités extérieurement révélées et en rapport parfait l'un et l'autre avec les besoins de la nature humaine ne se peuvent donc concevoir comme existant à l'état de faits distincts. Les deux n'en feraient qu'un.

Qu'on veuille bien y réfléchir, il n'y a pas là deux choses, mais une seule et même chose, deux vérités, mais une seule et même vérité. C'est dire, en d'autres termes, que, rationnellement, il ne peut y avoir qu'une seule religion vraie.

SOMMAIRE

DU CHAPITRE TROISIÈME

Droit écrit formule du droit. — Loi. — Droit écrit négation du droit. — Lois injustes. — Antigone. — Résultat social et politique. — Désobéissance aux lois. — Désobéissance légitime. — Exemples de déso·béissance légitime. — Principe de la désobéissance légitime aux lois écrites.

CHAPITRE III

LE DROIT ÉCRIT

— Qu'est-ce que le Droit écrit?

C'est la formule du Droit naturel.

Chaque fois que, dans une Société, les individus qui la composent aperçoivent clairement
un Devoir et tendent à y conformer leurs actes
extérieurs, chaque fois aussi apparaît la notion
d'une inviolabilité, d'un Droit correspondant.

Si ces mêmes individus essaient d'exprimer
ce Droit en une formule écrite qui le détermine
et en règle au besoin la protection, ils font
ce qu'on appelle une *Loi*.

L'ensemble de ces formules constitue, à
proprement parler, le *Droit écrit*.

— Ce qu'on appelle communément Droit écrit est-il toujours la formule du Droit naturel?

Non. Il arrive souvent que le Législateur, soit ignorance, soit impuissance, soit perversité, attribue à ses erreurs ou à ses volontés le caractère de Loi supérieure, crée dès lors des inviolabilités et formule des Droits qui n'en sont pas[1].

[1] C'est une prétention de ce genre que flétrit magnifiquement l'Antigone de Sophocle.

La fille d'Œdipe, malgré la défense de Créon et au péril de sa vie, a donné la sépulture aux restes mortels de son frère Polynice. Elle est amenée devant le roi.

CRÉON.

Toi, oui, toi qui baisses la tête vers la terre, avoues-tu ou nies-tu avoir fait ce dont il t'accuse?

ANTIGONE.

Oui, j'avoue l'avoir fait, et ne prétends pas le nier.

CRÉON.

Connaissais-tu la défense que j'ai fait proclamer ?

ANTIGONE.

Je la connaissais, pouvais-je ne pas la connaître? Elle était assez publique.

CRÉON.

Et pourtant tu as osé enfreindre ces lois?

ANTIGONE.

Ce n'est, en effet, ni Jupiter qui me les a révélées, ni la·

— Quel est l'inconvénient de ces formules arbitraires?

Elles faussent la conscience des peuples en leur faisant croire que la volonté du Législateur, a, au point de vue de la création du Droit, la même puissance que la Loi non écrite « œuvre immuable de la Divinité ».

Elles désorganisent la Société en rendant inviolables de fait ceux qui ne le sont pas en réalité et en protégeant ainsi des séries d'actions qui devraient être empêchées.

Elles sont une source permanente de troubles politiques en confiant aux Pouvoirs publics la protection de Droits fictifs qui peuvent être légitimement violés.

justice qui habite avec les divinités infernales, et je ne pensais pas que les décrets d'un mortel tel que toi eussent assez de force pour prévaloir contre les lois non écrites, œuvre immuable des dieux. Celles-ci ne sont ni d'aujourd'hui ni d'hier; toujours vivantes, nul ne sait leur origine. Devais-je, en les oubliant, par crainte des menaces d'un homme, encourir la vengeance des Dieux? Je savais qu'il me faudrait mourir.... (SOPHOCLE, *Antigone.*)

— La désobéissance aux lois peut donc être, dans certains cas, légitime?

La désobéissance aux lois écrites est légitime quand ces lois sont injustes, c'est-à-dire quand, au lieu de protéger ceux qui veulent faire le bien, elles protègent ceux qui font le mal.

— Peut-on imaginer des exemples de lois susceptibles d'être légitimement violées?

Il pourrait se faire que le Législateur attribuât par une loi au Pouvoir exécutif un prétendu Droit de confier l'instruction de la jeunesse à des maîtres athées. Les pères dans ce cas auraient le Devoir, *et par conséquent le Droit*, de désobéir à la loi et de refuser à ces maîtres leurs enfants.

Il pourrait se faire que le Législateur attribuât par une loi au Pouvoir exécutif un prétendu Droit d'empêcher l'exercice de la vraie religion. Les citoyens dans ce cas auraient le

Devoir, *et par conséquent le Droit*, de désobéir à la loi et d'exercer leur culte.

Il pourrait se faire que le Législateur attribuât par une loi au Pouvoir exécutif un prétendu Droit d'arracher les prêtres à l'autel et à leurs ouailles pour les soumettre à une vie militaire incompatible avec l'exercice de leurs fonctions sacerdotales. Les prêtres, dans ce cas, auraient le Devoir, *et par conséquent le Droit*, de désobéir à la loi et de refuser le service commandé.

— Depuis quand les citoyens croient-ils pouvoir dans certains cas désobéir légitimement aux lois?

Depuis qu'ils ont entendu et compris cette parole :

« *Il vaut mieux obéir à Dieu qu'aux hommes.* »

SOMMAIRE

DU CHAPITRE QUATRIÈME

Liberté morale. — Liberté civile. — Liberté politique. — Libertés civile et politique, réalisations extérieures de la Libérté morale. — Liberté morale, fait
d'observation. — Vraie nature de la liberté morale. —
— Philosophes anciens, saint Thomas d'Aquin,
Léon XIII. — Responsabilité. — Culpabilité. — Nécessité de la Liberté morale. — Conséquences. — Liberté
loi de l'histoire. — Ses effets. — Sa magie.

CHAPITRE IV

LA LIBERTÉ

— Qu'est-ce que la Liberté?

Il y a trois sortes de Libertés : la *Liberté morale*, la *Liberté civile*, la *Liberté politique*.

— Qu'est-ce que la Liberté morale ?

C'est le pouvoir, pour l'homme, de *vouloir* le bien.

— Qu'est-ce que la Liberté civile ?

C'est le pouvoir, pour l'homme, de *faire* le bien qu'il veut.

— Qu'est-ce que la Liberté politique ?

C'est le pouvoir, pour l'homme, d'assurer

par des lois et des institutions sa Liberté civile.

— Les Libertés civile et politique sont donc étroitement liées à la Liberté morale?

On voit par leur définition même qu'elles ne sont autre chose que son extension, sa réalisation dans le monde social.

— Ces trois sortes de Liberté rentrent-elles également dans l'ordre des faits sociaux qui font l'objet de notre étude?

Les Libertés civile et politique rentrent seules, d'une manière spéciale, dans le cadre des faits sociaux qui nous occupent ici. Comme elles ne sont l'une et l'autre, toutefois, que des développements extérieurs et successifs de la Liberté morale, il est nécessaire de nous arrêter quelques instants à déterminer exactement la nature de leur principe.

Ce court chapitre y pourvoira.

— Tous les hommes jouissent-ils de la Liberté morale?

Tous les hommes ont en germe une force pour vouloir le bien[1]. Les uns développent cette force et en usent : ils sont libres *en fait* comme *en puissance ;* les autres n'en usent pas : libres *en puissance*, ils sont esclaves *de fait*.

— Dirons-nous donc que l'homme qui veut le mal n'est pas libre?

L'homme qui veut le mal est libre en puissance, il n'est pas libre de fait.

— Comment cela?

Deux ordres de motifs agissent sur la volonté humaine : les motifs supérieurs, intellectuels, et les motifs inférieurs, sensibles.

Les motifs supérieurs, lumières éternelles et immuables, faits impersonnels, extérieurs, objectifs, se proposent comme lois néces-

---

[1] La liberté morale est un fait d'observation. Tout homme placé entre le bien et le mal sent en lui-même, si sa nature n'a pas été corrompue, *un pouvoir de vouloir le bien*.

saires, mais ne s'imposent pas à la volonté qu'ils respectent.

Les motifs sensibles, au contraire, faits essentiellement contingents, personnels, sub-jectifs, aveugles et passifs, tendent à s'impo-ser à cette même volonté qu'ils entraînent.

L'homme qui veut en vertu des premiers, veut donc par lui-même, *se détermine*, est libre, en un mot, dans toute la force du terme.

L'homme qui veut en vertu des seconds veut passivement sous une influence étran-gère, est entraîné, *est déterminé* pour ainsi dire, n'est pas libre de fait.

Ce dernier cas est celui de l'homme qui veut le mal.

Est-ce à dire, pour cela, que l'homme ne soit pas libre? nullement. L'homme est libre, c'est-à-dire que tous les hommes, placés qu'ils sont entre le bien et le mal, ont en eux-mêmes une force pour vouloir le bien; mais tous ne mettent pas en œuvre cette force qui est la Liberté, beaucoup cèdent passivement à l'influence des sens et de l'imagination [1].

— Si l'homme qui veut le mal n'est pas libre, est-il donc coupable ?

L'homme qui veut le mal est coupable.

[1] Ces quelques réflexions sur la vraie nature de la Liberté humaine suffiront à ceux de nos lecteurs qui pensent.

S'il en est d'autres que des habitudes intellectuelles plus lentes portent invinciblement à subordonner leur adhésion à une autorité extérieure, ceux-là liront avec fruit les passages qui suivent :

— « Celui qui commet le péché est l'esclave du péché. » (*Parole du* Christ.)

— « Tout être est ce qui lui convient d'être selon sa nature. Donc quand il se meut par un agent extérieur, il n'agit point par lui-même, mais par l'impulsion d'autrui, ce qui est d'un esclave. Or, selon la nature, l'homme est raisonnable. Donc quand il se meut selon la raison, c'est par le mouvement qui lui est propre qu'il se meut et il agit par lui-même, ce qui est le fait de la liberté. Mais quand il pèche, il agit contre la raison et alors c'est comme s'il était mis en mouvement par un autre et qu'il fût retenu sous une domination étrangère ; c'est pour cela que *celui qui commet le péché est l'esclave du péché.* » (Saint Thomas d'Aquin.)

— « C'est ce qu'avait vu assez nettement la philosophie antique, celle notamment dont la doctrine était que nul n'est libre que le sage, et qui réservait, comme on le sait, le nom de sage à celui qui s'était formé à vivre constamment selon la nature, c'est-à-dire dans l'honnêteté et la vertu. » (Léon XIII, *Encyclique* Libertas.)

Il est coupable de n'avoir pas voulu le bien.

Il est coupable de n'avoir pas usé de sa Liberté naturelle.

C'est ce non usage de sa Liberté, c'est cette abdication de lui-même qui fait sa culpabilité.

Libre par essence, cet homme avait pour devoir de se créer et de se garder tel : ce Devoir était la source de sa Responsabilité.

Placé entre le bien et le mal, il avait dans sa nature intime une force pour vouloir le bien : cette force est la Liberté.

Il n'a pas mis en œuvre cet élément essentiel de son être.

C'est là ce qui le fait punissable, autrement dit *coupable*.

— Ce fait d'observation interne, ce *pouvoir de vouloir le bien*, auquel on donne le nom de Liberté morale, pourrait-il ne pas exister?

Étant donnés la nature de l'homme et ces deux autres faits, également constatables (I, 12), qu'on appelle *Devoir* et *Responsabilité*, la Liberté morale n'est pas seulement un fait d'observation, elle est encore un fait nécessaire.

— D'où lui vient cette nécessité?

De ce qu'elle est la condition indispensable de la Responsabilité individuelle.

L'homme, s'il n'était pas libre, ne serait pas responsable de ses actes.

— Quelle est la conséquence immédiate de cette nécessité de la Liberté morale ?

C'est que tout, dans l'homme et hors de l'homme, doit être combiné en vue de cette Liberté indispensable.

Et c'est, en effet, ce qui a lieu.

Ceux qui observeront les voies du Créateur et le jeu simultané des influences diverses qui agissent sur l'individu seront frappés du soin jaloux, du respect profond de la Liberté humaine qui préside à l'arrangement de toutes choses dans le monde.

Dieu *ne force pas* l'homme à vouloir le bien.

Les choses sensibles *ne forcent pas* l'homme à vouloir le mal.

Ces deux causes agissent puissamment, chacune à sa manière, sur l'âme humaine, mais l'une et l'autre, si rien de la part de l'homme ne vient exagérer l'influence des sens et de l'imagination, arrêtent leur action au point voulu où cette action, poussée plus loin, empêcherait ce mouvement propre de l'âme qui est la Liberté.

C'est ainsi qu'est conservé, à celui qui veut en user, le pouvoir de *se décider lui-même*, ni attiré irrésistiblement par la lumière, ni entraîné fatalement par la passion.

Ceux qui verront cet ordre en seront émerveillés, mais ils n'en seront pas surpris s'ils considèrent que la création tout entière n'a qu'un but : l'*homme*, et que le caractère distinctif de l'homme est la *liberté*.

Le monde est fait pour l'homme et l'homme est fait pour Dieu.

Mais ce Dieu créateur veut être librement connu, aimé et honoré.

Tout autre hommage est indigne de lui.

C'est pourquoi *il faut* que l'homme soit libre et c'est pourquoi tout est ordonné en vue de ce résultat.

— Quelles sont les conséquences sociales de cette nécessité ?

L'homme n'est homme qu'autant qu'il est libre.

C'est la vision tantôt spontanée et obscure, tantôt claire et réfléchie, de ce fait capital qui, à toutes les époques, agite si profondément les Sociétés humaines.

Il est la loi de l'individu et, partant, la loi de l'histoire.

Dieu appelle les hommes, mais il appelle des hommes libres. La Liberté est la robe nuptiale.

L'homme le voit. L'homme le sent. Il tressaille. Il s'émeut. Il ne consent pas à s'arrêter dans le développement de l'idée qui le possède. Il passe de la volonté à l'action, du monde intérieur au monde social, de la Liberté morale à la Liberté civile et à la Liberté politique. Il fait effort, en un mot, pour conquérir, sous toutes ses formes et jusqu'à ses dernières limites, cette Liberté qui est la condition de son être.

L'effort, comme tout effort humain, est souvent désordonné. Tantôt il s'écarte du but, tantôt il le dépasse. On peut, suivant les cas, en admirer, en redouter, en déplorer les effets. Ils n'ont pas pour cela le droit de surprendre : quand le roi du monde s'agite dans ses chaînes, comment le monde n'en serait-il pas ébranlé ?

Celui qui voit ces choses comprend la

grandeur et la magie que revêt, aux yeux des générations humaines, le mot de Liberté.

Mais il comprend aussi l'incroyable facilité qu'il y a d'en abuser. « Quand une fois, dit Bossuet, on a pris la multitude par l'appât de la liberté, elle suit en aveugle pourvu qu'elle en entende seulement le nom[1]. »

[1] *Or. fun., Portrait de Cromwell.*

SOMMAIRE

DU CHAPITRE CINQUIÈME

Liberté civile. — Existence exceptionnelle de la Liberté civile. — Conditions de cette existence. — Affranchissement de la pensée. — Connaître et Vouloir. — Affranchissement de la volonté. — Caractère. — Héroïsme. — Ambroise Paré. — Catholiques français. — Christianisme. — Esclavage.

CHAPITRE V

LA LIBERTÉ CIVILE

— Qu'est-ce que la Liberté civile?

C'est le pouvoir, pour l'homme, de faire le bien qu'il veut.

— Tous les hommes jouissent-ils de la Liberté civile?

Non. L'histoire du passé comme celle du présent établit surabondamment que les hommes ne se voient que trop souvent refuser le pouvoir de faire le bien qu'ils veulent.

— D'où vient cela?

La Liberté civile, pouvoir, pour l'homme, de faire le bien qu'il veut, n'est autre chose que la réalisation extérieure de l'inviolabilité humaine, du Droit.

Or, on a vu (II, 29) qu'à prendre l'humanité dans son ensemble la notion de ce Droit, de cette inviolabilité, ne s'y manifestait qu'à l'état d'exception.

C'est là une première explication de l'existence exceptionnelle aussi de la Liberté civile, nécessairement fondée sur la reconnaissance et le respect du Droit dans le monde.

— La Liberté civile, extension du Droit dans la Société, est donc soumise pour son existence à toutes les conditions auxquelles est soumise l'existence du Droit lui-même?

Naturellement.

— Quelles sont ces conditions?

On les connaît déjà. On a déjà vu, en effet (II, 29, 33), que la notion de l'inviolabilité individuelle, du Droit en d'autres termes, ne saurait exister que là où se trouvent réunis la notion claire et précise d'un Devoir supé-

rieur et immuable, celle d'une Responsabilité
absolue et, enfin, ce qui permet à l'un et à
l'autre de briller aux yeux dessillés de l'humanité, à savoir l'affranchissement de la pensée
humaine par une force éducatrice spéciale.

— La Liberté civile se rencontre-t-elle
partout où peut se constater cet affranchissement de la pensée humaine et les notions
de Devoir et de Responsabilité qui s'ensuivent?

Non. L'observation des faits sociaux montre
que, si ces conditions sont indispensables à
l'existence de cette Liberté, elles n'y suffisent
pourtant pas.

Elle établit, cette observation, que l'apparition de l'idée du Droit, résultat naturel de
la présence de ces conditions dans une Société,
n'entraîne pas par cela seul, pour cette Société,
le fait de la Liberté civile.

Connaître un Droit et respecter ce même
Droit dans son exercice sont loin d'être une
seule et même chose.

Il a fallu dans le passé de longues périodes de luttes pour faire triompher telle Liberté dont le principe n'était plus contesté.

Le même fait se produit de nos jours.

Que de Droits incontestables, reconnus, affirmés, dont la passion, l'intérêt, la tyrannie ont empêché et empêchent encore le libre exercice[1] !

L'histoire est pleine de faits qui démontrent clairement l'insuffisance des conditions précitées lorsqu'il s'agit de faire apparaître dans les Sociétés humaines, cet élément nouveau qu'on appelle la Liberté civile.

— D'où vient que l'idée de l'inviolabilité individuelle n'entraîne pas d'elle-même, après elle, la pratique et le respect de cette invio-

[1] En France, à l'heure où l'on écrit ces lignes, beaucoup de Droits sont violés, beaucoup de Libertés sont supprimées dont le principe n'est plus à établir. Sur beaucoup de points, en effet, les hommes qui détiennent le pouvoir, au lieu d'employer les lois et la force publique à protéger ceux qui veulent accomplir un bien incontestable, usent de ces mêmes moyens pour les en empêcher.

labilité, le règne du Droit, la Liberté civile en un mot?

Cela vient de la distance qu'il y a chez l'homme entre *connaître* et *vouloir*.

Connaître son Devoir, prendre conscience de sa Responsabilité, de son Inviolabilité, de son Droit, exige de l'homme un premier effort considérable, effort surtout intellectuel et dont la condition est cet affranchissement de la pensée humaine, dont on a recherché ailleurs et indiqué les causes (II, *33*).

Mais aller plus loin, passer de l'idée à l'action, transporter dans la vie extérieure et sociale ce Devoir, cette Responsabilité, cette Inviolabilité, et produire ainsi dans la Société cette conséquence qu'on appelle la Liberté civile, exige un nouvel effort non moins difficile que le premier [1].

---

[1] L'effort intellectuel, acte intérieur ayant pour objet une lumière intérieure aussi, est indépendant par là-même des choses du dehors. Il peut s'en abstraire dans une large mesure et plus il s'en abstrait plus il est énergique. La

Celui qui veut obtenir ce résultat se heurte, en effet, à des résistances extérieures dont il ne peut triompher souvent qu'au péril de son repos, de ses biens, et même de sa vie.

Ce n'est pas assez, pour la Liberté civile, que les hommes soient intelligents, conscients de leur Devoir et de leur Droit; il faut encore qu'ils soient capables de supprimer les obstacles qui, de la part de leurs semblables, s'opposent violemment à l'exercice de ce Droit.

Or ce n'est plus ici affaire d'intelligence, c'est affaire de *volonté*.

Le Droit apparaît dans le monde partout où l'homme conscient de son Devoir et respon-

volonté, au contraire, acte intérieur mais ayant pour objet une action extérieure, rencontre à chaque instant sur la voie de sa réalisation définitive des obstacles venant du dehors, obstacles souvent insurmontables et qui la gênent fort dans son développement.

Connaître suppose un effort. Vouloir en suppose un autre. Beaucoup s'arrêtent au premier.

De nos jours les hommes d'intelligence sont plus communs que les hommes de volonté.

sable, dès lors, de son accomplissement, devient par là même inviolable dans son action; mais on peut être inviolable sans pour cela être inviolé, et la Liberté civile n'existe que là où la volonté humaine, affranchie de toute crainte[1], renverse les barrières élevées entre elles et son action légitime.

— Quelle est donc, en résumé, la deuxième

[1] Il faut, pour être libre, vouloir jusqu'à la mort.

Au roi qui lui envoyait dire qu'« il saurait bien le contraindre », Ambroise Paré faisait, de sa prison, cette courte et belle réponse : « *Celui qui ne craint pas la mort ne saurait être contraint.* »

L'exemple de ce protestant peut être proposé à beaucoup de catholiques de nos jours.

Si aujourd'hui, en effet, les droits des catholiques français sont impunément foulés aux pieds, c'est que ces mêmes catholiques n'ont pas l'énergie nécessaire pour assurer aux dépens de leur tranquillité et de leurs biens, voire même au péril de leur vie, leur liberté civile.

Leur religion est publiquement et impunément bafouée, leur culte refoulé par la force jusqu'aux parvis de leurs temples, leur enseignement proscrit des écoles nationales, leurs couvents violés, leurs prêtres et leurs religieux dépouillés, le recrutement de leur clergé systématiquement entravé, le gouvernement de la nation entre les mains de leurs pires ennemis, et ils n'ont ni l'intelligence, ni l'énergie nécessaire condition indispensable à l'existence de la Liberté civile?

L'affranchissement de la volonté humaine et ce qui en est la conséquence immédiate, à savoir : la Liberté morale.

La Liberté morale portée au plus haut degré prend le nom d'*Héroïsme*.

Tous les libérateurs ont été des héros[1].

— Peut-on constater quelque part ce fait exceptionnel de la Liberté civile?

pour s'unir dans un effort commun et secouer le joug sous lequel on courbe, chaque jour davantage, leur tête.

On voit clairement, par cet exemple, comment la liberté civile dépend, dans son existence, de la liberté morale.

En effet, si les catholiques dont on vient de parler n'étaient pas moralement esclaves de leur inintelligence du devoir, de leurs passions et divisions politiques, de leur amour du repos et du bien-être, de leur crainte du danger et de la mort, ils se lèveraient aussitôt et briseraient devant eux les obstacles apportés à leur liberté civile.

Mais, chrétiens de nom plus que de fait, ils ne sont pas libres moralement, et, parce qu'ils ne sont pas libres *moralement*, ils ne sont pas libres *civilement*.

[1] A un degré moindre, cette liberté morale prend le nom de *caractère*. Les hommes de caractère sont des semences de héros. Les peuples qui les possèdent sont des peuples libres.

On le constate plus ou moins dans les Sociétés où tend à dominer l'ensemble de croyances et de préceptes qu'on appelle Christianisme[1].

— Le Christianisme, dont on a constaté l'influence toute-puissante pour l'affranchissement de la pensée humaine, exerce-t-il donc sur la volonté de l'individu une action du même genre?

Il semble qu'il en soit ainsi.

— Comment le Christianisme agit-il sur la volonté humaine en vue de son affranchissement?

Il agit sur la volonté de l'homme comme il agit sur son intelligence, par la lumière et par la liberté.

Proposant à l'homme, d'une part, claire-

---

[1] L'esclavage dans le passé comme dans le présent et sa disparition progressive sous l'effort énergique et incessant de l'idée chrétienne est un des faits historiques qui éclairent le plus vivement cette question.

ment et distinctement, des vérités morales trop vaguement entrevues, il provoque en lui, par cette claire vision, avec le sentiment de sa responsabilité, l'amour et le désir du bien.

Combattant sans relâche, d'autre part, chez ce même homme, au moyen de ses préceptes, de sa discipline et de son action intérieure, la domination des sens, fatale et passive, il dégage son activité morale et lui rend ainsi la liberté de vouloir par lui-même le bien qui lui est proposé[1].

— Qu'est-ce donc que ce Christianisme capable ainsi de rendre libres les individus d'abord, les peuples ensuite?

---

[1] Il est à peine nécessaire d'observer qu'ici comme ailleurs (II, 36) la perpétuité de l'éducateur s'impose.

Lorsque par de longs efforts d'intelligence et d'héroïsme la Liberté a été enfin conquise, si les croyances qui l'ont provoquée viennent à s'affaiblir, les esprits se troublent, les caractères s'affaissent, le Droit redevient de plus en plus un mot vide de sens et l'on voit reparaître la licence et la tyrannie sous ce même nom de Liberté.

C'est le retour de la force brutale avec l'hypocrisie en plus.

Un éducateur et un transformateur, une force supérieure et morale qui, par une action lente et continue, arrache peu à peu l'individu à l'empire des sens et de l'imagination pour le tourner vers la lumière et le conduire à la Liberté.

Le Christ, son chef, est mort en croix pour la Liberté de l'enseignement, principe de toutes les autres.

SOMMAIRE

DU CHAPITRE SIXIÈME

Liberté politique. — Pouvoirs absolus et Liberté civile. — Qualités nécessaires au Pouvoir absolu. — Dangers du Pouvoir absolu. — Gouvernement du peuple par le peuple. — Qualités nécessaires au Pouvoir populaire. — La Vertu principal ressort des Etats populaires. — Montesquieu. — Le Gouvernement populaire ne constitue pas nécessairement la Liberté politique. — Tyrannie du nombre. — La France d'aujourd'hui. — Une source de Vertu et de Liberté politique.

CHAPITRE VI

LA LIBERTÉ POLITIQUE

— Qu'est-ce que la Liberté politique?

C'est le pouvoir, pour l'homme, d'assurer par des lois et des institutions sa Liberté civile.

— La Liberté politique est-elle indispensable à l'existence de la Liberté civile ?

On ne saurait dire qu'elle lui soit absolument indispensable.

Là, en effet, où celui qui dispose de la force publique connaît les droits individuels et les protège, la Liberté civile existe.

Or cela peut avoir lieu en l'absence de ce

pouvoir d'intervention directe des intéressés qu'on appelle Liberté politique.

On a vu des Sociétés jouir de la Liberté civile sous des gouvernements absolus.

— Que suppose, chez celui qui exerce le pouvoir, la connaissance des droits individuels ?

Un Droit est l'inviolabilité de celui qui accomplit un Devoir. La connaissance des droits individuels suppose donc nécessairement la connaissance claire, nette et distincte des devoirs où ces mêmes droits puisent leur origine.

— Que suppose, chez celui qui exerce le pouvoir absolu, la protection des droits individuels ?

Elle suppose, chez lui, outre la connaissance des devoirs et des droits des gouvernés, celle de ses propres devoirs de Gouvernant et la conscience de sa responsabilité.

Elle suppose encore, chez ce Gouvernant,

un empire sur lui-même qui n'est autre chose
que la Liberté morale.

On ne protège le Droit, en effet, qu'en ré-
primant le mal, et on ne réprime le mal, dans
bien des cas, qu'au péril de son existence
d'homme et de gouvernement.

— Que suppose donc, en un mot, chez
celui qui exerce le pouvoir absolu, la connaissance et la protection des droits individuels ?

Un haut degré d'intelligence, de moralité et
d'énergie.

— Cet ensemble de qualités se rencontre-
t-il communément parmi les hommes ?

Non.

— Que se produit-il quand il ne se rencontre pas chez celui qui exerce le pouvoir
absolu ?

L'ignorance des devoirs, la méconnaissance
des droits, l'absence de protection pour ces
droits méconnus, l'absence de Liberté civile,

en d'autres termes, le règne du bon plaisir, la tyrannie et l'oppression.

— Comment échappe-t-on à ce danger ?

On essaie d'y échapper en laissant aux individus une part plus ou moins grande dans le gouvernement de la Société.

— Comment cela ?

Tantôt le choix seul des Législateurs leur est confié ; tantôt le Pouvoir exécutif lui-même est à leur nomination ; parfois les constitutions leur abandonnent jusqu'à la désignation des Juges.

— Ce gouvernement plus ou moins illimité du peuple par le peuple est-il un état meilleur ?

Il est un état meilleur quand il assure aux individus la Liberté civile, c'est-à-dire le pouvoir de faire le bien qu'ils veulent.

— Quand assure-t-il aux individus la Liberté civile ?

Quand le peuple, les citoyens, les majorités ainsi appelés à gouverner possèdent :

1° La connaissance des devoirs individuels et, par suite, celle des droits à protéger ;

2° La connaissance de leurs propres devoirs de gouvernants, la conscience de leur responsabilité comme tels, et enfin cette liberté morale qui seule peut leur donner la volonté énergique d'assurer efficacement ce libre exercice des droits qui constituent la Liberté civile[1].

---

[1] Dans un passage resté célèbre, Montesquieu, s'appuyant à la fois sur la raison et sur l'histoire, regarde que le principal ressort des Etats populaires est la *vertu :*

« Ce que je dis est confirmé par le corps entier de l'histoire et est très conforme à la nature des choses. Car il est clair que, dans une monarchie où celui qui fait exécuter les lois se juge au-dessus des lois, on a besoin de moins de vertu que dans un gouvernement populaire où celui qui fait exécuter les lois sent qu'il y est soumis lui-même et qu'il en portera le poids.

« Il est clair encore que le monarque qui, par mauvais conseil ou par négligence, cesse de faire exécuter les lois, peut aisément réparer le mal : il n'a qu'à changer de conseil ou se corriger de cette négligence même. Mais lorsque dans un gouvernement populaire, les lois ont cessé d'être exécutées,

— Les conditions d'un bon gouvernement ne changent donc pas, que ce soit un seul ou plusieurs qui gouvernent ?

Les conditions essentielles d'un bon gouvernement soι nécessairement les mêmes

comme cela ne peut vι ﹍que de la corruption de la République, l'Etat est déjà peι ‘u.

« Ce fut un assez beau ﹍pectacle, dans le siècle passé, de voir les efforts impuissants ꓺes Anglais pour établir parmi eux la démocratie. Comme ceι x qui avaient part aux aꓺaires n'avaient point de vertu, que lꞏur ambition était irritée par le succès de celui qui avait le pꞏus osé, que l'esprit d'une faction n'était réprimé que par l'ꞏ prit d'une autre, le gouvernement changeait sans cesse : le peuple étonné cherchait la démocratie et ne la trouvait nulle ﹐art. Enfin, après bien des mouvements, des chocs et des sꞏ ‑ousses, il fallut se reposer dans le gouvernement même quꞏn avait proscrit.

« Quand Sylla voulut rendre à Rome la liberté, elle ne put plus la recevoir : elle n'avait plus qu'un faible reste de vertu ; et comme elle en eut toujours moins, au lieι de se réveiller après César, Tibère, Caïus, Claude Néron, Domitien, elle fut toujours plus esclave ; tous les coups portèrent sur les tyrans, aucun sur la tyrannie.

« Les politiques grecs qui vivaient dans le gouvernement populaire ne reconnaissaient d'autre force qui pût le soutenir que celle de la vertu.

« Ceux d'aujourd'hui ne nous parlent que de manufactures, de commerce, de finances, de richesses et de luxe même.

« Lorsque cette vertu cesse, l'ambition entre dans les cœurs qui peuvent la recevoir, et l'avarice entre dans tous.

quels que soient la personnalité et le nombre de ceux qui l'exercent.

Pour assurer l'existence de la Liberté civile, il faut au peuple, aux citoyens, aux majorités, tout aussi bien qu'aux princes absolus, une dose considérable d'intelligence, de moralité et d'énergie.

— Quand ces qualités ne se rencontrent pas chez les citoyens gouvernant eux-mêmes, qu'en résulte-t-il ?

Il en résulte ce que nous avons vu résulter nécessairement de l'ignorance des devoirs, de

«Les désirs changent d'objets : ce qu'on aimait, on ne l'aime plus ; on était libre avec les lois, on veut être libre contre elles ; chaque citoyen est comme un esclave échappé de la maison de son maitre : ce qui était maxime, on l'appelle rigueur ; ce qui était règle, on l'appelle gêne ; ce qui était attention, on l'appelle crainte. C'est la frugalité qui y est l'avarice, et non pas le désir d'avoir. Autrefois le bien des particuliers faisait le trésor public, mais pour lors le trésor public devient le patrimoine des particuliers. La république est une dépouille, et sa force n'est plus que le pouvoir de quelques citoyens et la licence de tous. » (Montesquieu, *Esprit des Lois*, III, III.)

8.

la méconnaissance des droits, de la faiblesse et de la corruption, à savoir : L'absence de protection pour ces droits méconnus, l'absence de Liberté civile, en d'autres termes, le règne du bon plaisir, la tyrannie et l'oppression.

Les mêmes causes produisent les mêmes effets. Celles qui conduisaient tout à l'heure à la tyrannie d'un seul sous le nom d'absolutisme, aboutissent ici à la tyrannie du nombre sous le nom de Liberté.

— L'intervention directe des citoyens dans le gouvernement de la nation ne suffit donc pas à elle seule pour assurer la Liberté civile ?

Cette intervention, comme on s'en aperçoit, peut avoir un résultat tout opposé.

— Elle ne constitue donc pas par elle-même la Liberté politique ?

Non, évidemment.

La Liberté politique est *le pouvoir pour*

*l'homme d'assurer par des lois et des institu-
tions sa liberté civile.* La Liberté politique
n'existe don pas, bien que le peuple se gou-
verne lui-même, lorsque, faute des qualités
nécessaires dans l'ensemble des citoyens,
ceux d'entre eux qui veulent faire le bien
sont impuissants à assurer par des voies régu-
lières la liberté de leur action [1].

— Un peuple peut-il acquérir ces qualités
nécessaires, faute desquelles son intervention
dans le gouvernement n'est pas un gage de
liberté, mais une source d'oppression ?

Un haut degré d'intelligence, de moralité

---

[1] La France, à la fin du XIXᵉ siècle, offre au monde un
spectacle de ce genre.

L'intervention des citoyens dans le gouvernement de la
nation y est la règle et pourtant la liberté politique n'y
existe pas.

Les hommes qui veulent y faire le bien n'ont pas, en
effet, le pouvoir d'assurer par des lois et des institutions leur
liberté d'action.

Et ceux qui gouvernent n'ont ni la connaissance du Devoir,
ni le respect du Droit.

C'est la tyrannie du nombre.

et d'énergie, la connaissance des devoirs, de la responsabilité et de l'inviolabilité individuelle, le respect de cette même inviolabilité chez les autres et la volonté ferme d'assurer à tous les droits leur libre exercice, constituent pour les hommes et pour les Sociétés un état, une vie, une force supérieure dont les germes sont en eux et peuvent être l'objet d'un développement général et efficace.

Quelles sont les conditions de ce développement ?

Nous les connaissons (II, 30 — V, 77). C'est l'effort individuel nécessairement aidé — nous l'avons constaté et l'histoire en est l'irrécusable témoin — par une autre force, extérieure à l'esprit humain, force éducatrice qu'on appelle Christianisme

Il serait superflu de renouveler ici l'analyse des moyens d'action que met en jeu cette force nécessaire.

L'étude en a été faite en son temps (II, 33 — V, 77).

Il suffit de s'y reporter pour comprendre que l'affranchissement de la pensée et de la volonté humaines est le levier puissant que le Christianisme met en œuvre pour arracher l'Humanité à l'esclavage sous toutes ses formes et l'élever, par degrés, jusqu'à la Liberté politique, couronnement de toutes les autres.

SOMMAIRE

DU CHAPITRE SEPTIÈME

Gouvernement. — Origine du Gouvernement. — Pas de Société sans unité. — Droit du Gouvernement. — Etendue de ce droit. — Sa limite. — Socialisme d'Etat. — Gouvernement Gendarme. — Gouvernement Grand-Voyer. — Doctrine gouvernementale. — Pouvoir exécutif. — Pouvoir législatif. — Rapports de l'Exécutif et du Législatif.

CHAPITRE VII

LE GOUVERNEMENT

— Qu'est-ce que le Gouvernement?

C'est l'homme ou l'ensemble des hommes qui, dans une Société, disposent de la force pour la protection des droits.

— Quelle est l'origine du Gouvernement?

Il a son origine dans un principe social nécessaire et qu'on peut formuler ainsi : *Il n'y a pas de Société sans Unité.*

Une Société est un ensemble d'individus groupés dans un même but qu'ils ont le devoir d'atteindre et qu'ils ne peuvent atteindre isolément, à savoir : leur développement physique, intellectuel et moral.

9

Or l'unité du but implique nécessairement l'unité de l'action.

Dire qu'il n'y a pas de Société sans unité c'est donc énoncer une loi nécessaire, un principe absolu, un axiome social, en un mot.

Mais les individus qui poursuivent la réalisation de ce principe, les hommes qui font effort pour développer par une action commune leurs facultés naturelles, voient presque toujours se dresser devant eux d'autres hommes qui, de propos délibéré, leur font obstacle: des meurtriers qui menacent leur vie; — des violents qui cherchent à s'approprier leur personne et leur travail; — des voleurs qui enlèvent leurs biens; — des suppôts d'erreur qui les empêchent d'enseigner la vérité; — des débauchés qui attaquent leurs bonnes mœurs; — des impies qui s'opposent à l'exercice de leur religion; — parfois même des Sociétés voisines — tribus, peuples, nations — qui menacent l'existence de la leur ou entravent son juste développement.

Il est visible que l'action commune dont on vient de parler, élément nécessaire du fait social, ne peut s'exercer utilement, voire même subsister un seul instant, exposée sans défense à de pareilles attaques.

Si, dans le nombre des hommes désireux de poursuivre ensemble le but légitime de leur développement sous toutes ses formes, il en est d'assez énergiques et forts pour réprimer ces éléments de désorganisation et protéger contre eux la réalisation du principe d'unité nécessaire à l'existence sociale, la société vit sous leur égide et cette société a ce qu'on appelle un *Gouvernement*.

Le Gouvernement, défenseur, instrument, représentant, personnification extérieure de l'unité sociale a donc son origine dans un principe, dans un axiome, dans une loi supérieure, nécessaire, absolue et que tout à l'heure on formulait ainsi: *Il n'y a pas de Société sans Unité*.

— Les hommes qui jouent ainsi le rôle de

protecteur du fait social remplissent-ils un Devoir ?

Oui. C'est un Devoir pour les forts de protéger les faibles. C'est un Devoir pour ceux qui avec l'intuition du principe d'unité sociale ont l'énergie et la force, de mettre cette force au service de cette unité.

— Ces hommes-là exercent-ils un Droit?

Le Droit est l'inviolabilité de celui qui accomplit un Devoir. Les hommes dont on parle remplissent un Devoir; ils exercent donc un Droit.

— Jusqu'où va ce Droit des Gouvernants?

Un Droit, conséquence d'un Devoir, s'étend naturellement aussi loin que ce même Devoir qui est sa raison d'être.

Là où commence le Devoir commence le Droit.

Là ou s'arrête le Devoir s'arrête aussi le Droit.

Le Devoir des Gouvernants est un devoir

de protection. Leur Droit, par conséquent, est un droit de même nature.

Le Droit des Gouvernants a donc, tout à la fois, pour point de départ et pour limite, la protection de l'individu contre ceux qui s'opposent à son libre développement.

Hors de là il n'existe plus[1].

— N'est-ce pas enfermer dans de bien étroites limites l'action légitime des Gouvernements?

C'est leur assigner leurs limites naturelles, et ces limites ne sont pas étroites.

C'est un vaste et noble champ que celui de

---

[1] Les hommes de bon sens qu'épouvante le développement toujours croissant des dépenses publiques et qui cherchent, un peu au hasard souvent, les moyens de ramener les budgets à de justes limites, trouveront ici un point de départ nettement défini.

Toutes les dépenses que ne nécessite pas la protection de la liberté civile et politique des citoyens ne sont pas des dépenses naturelles de l'Etat.

Ce principe, raisonnablement et résolument appliqué, aurait pour résultat des économies budgétaires et des diminutions d'impôt qui se chiffreraient par centaines de millions.

9.

la protection de la Liberté humaine. L'apport d'intelligence, de dévouement, d'énergie et d'activité qu'il exige de la part des pouvoirs publics, n'est pas un apport ordinaire, et le but poursuivi est fait pour contenter les plus hautes ambitions.

— Les Gouvernants se maintiennent-ils d'habitude dans ces limites naturelles?

Ils en sortent souvent.

— Comment cela?

Uniquement faits pour protéger la Liberté individuelle dans ses diverses manifestations, ils essayent souvent de la diriger à leur guise ou, pour mieux dire, de s'y substituer. Ils se font tour à tour producteurs et distributeurs de richesse, entrepreneurs publics, constructeurs de routes et de voies ferrées, régulateurs du travail et des salaires, banquiers, assureurs, secoureurs, dispensateurs de vérité, donneurs d'instruction et de morale, chefs de religion, etc.

— Quel est le résultat général de cette extension du Gouvernement hors de ses limites naturelles ?

Une suppression correspondante de la Liberté individuelle, par ceux-là mêmes qui sont faits pour la protéger[1].

[1] L'auteur estimé d'un ouvrage récent sur la république des États-Unis arrive, par l'étude des faits directement observés au cours d'un long voyage, aux mêmes conclusions.

Après avoir parlé de l'Amérique du Nord, de son organisation spontanément établie sur la base de l'énergie individuelle, de sa persévérante fidélité à cette direction initiale, Paul Bourget poursuit en ces termes :

« C'est une leçon que nous pouvons recevoir de la démocratie américaine ; mais, pour la pratiquer il nous faudrait travailler dans un sens opposé à celui où marche depuis cent ans chez nous le parti démocratique. Nous devrions chercher ce qui reste de la vieille France et nous y rattacher par toutes nos fibres, retrouver la province d'unité naturelle et héréditaire sous le département artificiel et morcelé, l'autonomie municipale sous la centralisation administrative, les Universités locales et fécondes sous notre Université officielle et morte, reconstituer la famille terrienne par la liberté de tester, protéger le travail par le rétablissement des corporations, rendre à la vie religieuse sa vigueur et sa dignité par la suppression du budget des cultes et par le droit de posséder librement assuré aux associations religieuses, en un

— Quel est dans notre langue le nom de ce désordre?

Le Socialisme d'État.

— Renfermé dans ses justes limites, à quoi donc le Gouvernement peut-il être comparé?

Le Gouvernement est un Gendarme chargé d'assurer la liberté d'action des bons citoyens contre les entreprises des mauvais.

mot, sur ce point comme sur l'autre, défaire systématiquement l'œuvre meurtrière de la Révolution Française. C'est le conseil qui, pour l'observateur impartial, se dégage de toutes les remarques faites sur les États-Unis. Si leur démocratie est si vivante et si forte, c'est parce que l'individu y est libre et puissant en face d'un État réduit à son minimum d'action. Si elle réunit toutes les volontés en une immense harmonie, c'est qu'elle est vraiment nationale. C'est pour avoir établi un régime où l'Etat centralise en lui toutes les forces du pays et pour avoir violemment coupé toute attache historique entre notre passé et notre présent, que notre Révolution a si profondément tari les sources de la vitalité française. La critique n'est pas neuve. Les trois plus lucides analystes de la France contemporaine : Balzac, Le Play et Taine, partis de doctrines si différentes et avec des méthodes si différentes encore, sont arrivés à cette même conclusion. Il n'est pas sans intérêt de constater que c'est la même conclusion aussi d'un voyage accompli par un indépendant au pays le plus souvent cité par les partisans de cette Révolution. »

(PAUL BOURGET, *Outre-mer*, ch. XII.)

— Qu'est-ce encore que le Gouvernement?

Le Gouvernement est un Grand-Voyer chargé de maintenir, contre les efforts destructeurs des mauvais citoyens, la voie où marchent les bons[1].

—Comment le Gouvernement distinguerat-il les bons qu'il doit protéger d'avec les méchants qu'il doit contenir?

Cela suppose chez lui une distinction exacte du bien et du mal.

[1] « Mais surtout il faut remarquer l'obligation si glorieuse que ce grand pape impose aux princes, d'élargir les voies du ciel. Jésus-Christ a dit dans son évangile : « Combien est étroit le chemin qui mène à la vie ! » Et voici ce qui le rend si étroit: c'est que le juste, sévère à lui-même, et persécuteur irréconciliable de ses propres passions, se trouve encore persécuté par les injustes passions des autres et ne peut pas même obtenir que le monde le laisse en repos dans ce sentier solitaire et rude, où il grimpe plutôt qu'il ne marche. Accourez, dit saint Grégoire, puissances du siècle; voyez dans quel sentier la vertu chemine ; doublement à l'étroit, et par elle-même, et par l'effort de ceux qui la persécutent ; secourez-la, tendez-lui la main : puisque vous la voyez déjà fatiguée du combat qu'elle soutient au dedans contre tant de tentations

·— Dirons-nous donc que le Gouvernement doit avoir une doctrine?

Le Gouvernement ne saurait être une force aveugle. Destiné qu'il est à protéger le bien contre le mal, il ne peut le faire, évidemment, qu'à la condition de savoir ce qui est bien et ce qui est mal.

Si c'est là ce qu'on entend par « avoir une doctrine », on est obligé de reconnaître qu'une doctrine est nécessaire au Gouvernement.

— Cette nécessité d'une doctrine pour le Gouvernement peut sembler évidente, en effet, là où ce Gouvernement remplit la double fonction de formuler les Droits et d'en protéger l'exercice.

Mais il n'en est pas toujours ainsi.

qui accablent la nature humaine, mettez-la du moins à couvert des insultes du dehors. Ainsi ?   élargirez un peu les voies du ciel, et rétablirez ce chemin, que si hauteur et son âpreté rendront toujorus assez difficile. » (Bossuet, *Or. fun*)

Il arrive assez souvent, au contraire, que le pouvoir de déterminer le Droit n'appartient pas au Gouvernement mais à l'ensemble des citoyens agissant directement ou par délégués.

Dans ce cas, de plus en plus fréquent de nos jours, le Gouvernement, appelé aussi *Pouvoir exécutif,* est simplement considéé comme ayant mission de protéger les droits tels qu'ils sont formulés sous le nom de *Lois* par les citoyens, *Pouvoir législatif.*

La loi écrite, volonté du législateur, devient ici la règle du Gouvernement.

Pour lui, dès lors, qu'est-il besoin d'une doctrine ?

Il faut reconnaître qu'une doctrine lui serait inutile, en pareil cas, si sa mission naturelle se bornait à celle qu'on vient de dire, à savoir: la protection des droits *tels qu'ils sont formulés par le Législateur.*

Mais l'origine et la raison d'être du Gouvernement comme elle nous est apparue à la lueur des principes sociaux (VII, 99), lui assignent une fonction plus étendue.

Sa raison d'être, en effet, est la nécessité de l'unité sociale, et sa fonction qui s'en déduit est la protection de ceux qui travaillent à cette unité par l'accomplissement d'un devoir commun.

Or la volonté du Législateur et les lois qui l'expriment peuvent être dans certains cas en opposition formelle avec les droits réels de l'individu et l'unité sociale dont ce Gouvernement est le protecteur nécessaire et responsable.

C'est dire qu'il peut se présenter des cas où ce devoir de protection, unique raison d'être du Gouvernement mais sa loi supérieure et absolue, ait à s'exercer en faveur de l'individu et de la Société contre la loi écrite, volonté du Législateur.

Qui ne voit, dès lors, qu'en présence de ces erreurs possibles du Législateur, le Gouvernement, protecteur responsable de ceux qui font le bien, doit avoir, de toute nécessité, la connaissance de ce qui est bien et de ce qui est mal, une doctrine, en d'autres termes, qui l'éclaire, soit qu'il s'agisse pour lui d'interpréter la loi écrite dont l'exécution lui est confiée, soit que la sauvegarde du droit et de la liberté des citoyens lui commande de suspendre l'application de cette même loi et d'en provoquer le retrait.

— Dirons-nous donc, d'une manière générale et contrairement à l'opinion reçue, que dans une Société où les deux pouvoirs législatif et exécutif sont séparés, le Gouvernement n'est pas le « serviteur de la Loi », et que ses fonctions le placent au-dessus du Législateur ?

Non certes. Quand, dans une Société ainsi ordonnée, chacun de ces deux pouvoirs exerce naturellement ses fonctions, on ne saurait dire que l'un soit au-dessus de l'autre.

Dans ce cas, le Législateur représentant de l'individu et de ses droits, et le Gouvernement protecteur de ces mêmes droits et instrument nécessaire de l'unité sociale, sont deux puissances parallèles, distinctes d'origine mais concourant au même but : la Liberté du citoyen. L'un proclame et formule les droits ; l'autre en assure le libre exercice.

Quand tout se passe ainsi normalement, quand la volonté du Législateur est conforme à la loi naturelle, quand ses décrets, par conséquent, sont l'expression écrite, la formule du Droit, le Gouvernement, protecteur de ce même Droit, est donc bien nommé « le serviteur de la Loi ».

SOMMAIRE

DU CHAPITRE HUITIÈME

CHAPITRE VIII

LE DROIT DE RÉSISTANCE

— Bien que dans l'ordre naturel des choses (VII, 109), le Pouvoir législatif ait pour fonction de formuler des droits que l'Exécutif n'a plus qu'à protéger, peut-il arriver que cet accord soit rompu et que les décrets rendus par le premier cessent d'être la règle du second ?

On a vu (VII, 106), qu'il pouvait en être ainsi.

Il arrive parfois, en effet, que le Législateur, méconnaissant les lois naturelles et mettant à leur place ses propres erreurs, formule de prétendus droits en opposition avec les droits réels et la liberté des citoyens.

— Quand pareils faits se produisent, qu'en doit-il résulter dans les rapports du Gouvernement avec le Législateur ?

Les erreurs du Législateur ne sauraient devenir la règle d'un Gouvernement qui se connaît, c'est-à-dire qui comprend l'étendue de son Devoir, de sa Responsabilité et de son Droit.

Ces erreurs, en effet, ne lui ôtent rien de ce devoir absolu qui est un devoir de protection des droits naturels et de la liberté des citoyens contre les forces anti-sociales qui les menacent.

Or le Législateur qui, sous le nom de Lois, rend des décrets contraires à ce Droit naturel et à cette Liberté, devient, par là même, une de ces forces anti-sociales dont la répression est la raison d'être du Gouvernement.

Il appartient dès lors à ce dernier d'agir envers lui en conséquence.

— Que fera-t-il ?

Il ne poursuivra pas l'exécution de la loi[1] et, faisant appel au bon sens du Législateur, en demandera le retrait.

— Que fera-t-il si le Législateur persiste dans ses volontés anti-sociales?

Si le Législateur, maintenant sa volonté, s'affirme opiniâtrement comme élément de désorganisation sociale, comme adversaire

---

[1] Il se rencontre, çà et là, des hommes libres, capables de voir ces vérités et d'y conformer leur conduite. L'Amérique du Sud en fournit, à l'heure qu'il est, un exemple. A Lima, le Président du Conseil des Ministres a reçu du chef de l'État l'invitation d'apposer sa signature au bas de la loi votée qui établit les mariages civils.

« Cette loi est votée, répond le ministre, mais elle est en opposition avec un droit supérieur à celui du Législateur; elle est en opposition avec ma croyance religieuse et celle de l'immense majorité de mes concitoyens; je ne puis lui donner mon concours. »

On insiste: « La loi est la loi. Le Législateur en est seul responsable. »

Rien ne peut ébranler le courageux Président. Démissionnaire, il regagne sa ville natale qui le reçoit en triomphe.

Si le chef de l'Etat eût eu la clairvoyance et la fermeté de son premier ministre, le Gouvernement tout entier eût fait son devoir en refusant de sanctionner une loi arbitraire.

du droit naturel et de la liberté des citoyens,
le Gouvernement, protecteur né de ce droit
et de cette liberté, fera son devoir et, suppri-
mant ce Législateur en révolte contre la
Société, demandera à la nation d'en déléguer
un autre.

— Que fera-t-il si la majorité de la nation,
prenant fait et cause pour ses représentants,
les soutient dans leur révolte contre le droit
et la liberté ?

Il exercera, malgré cette majorité, ce Législateur et la loi, ses fonctions de protecteur du
droit et de la liberté des citoyens.

— Qui lui donnera cette audace ?

La conscience de son origine, de son devoir
social, de sa responsabilité et de son droit.

— Que fera-t-il si ces éléments en révolte
font appel à la violence contre ce protecteur
inébranlable du droit et de la liberté ?

Il les réduira par la force.

— Que fera-t-il si la force lui manque ?

Il mourra, les armes à la main, pour le Droit et pour la Liberté. Il mourra pour son Pays et par son Pays [1].

[1] Les Gouvernements qui abdiquent ou démissionnent devant des résistances coupables font acte d'ignorance ou de lâcheté.

SOMMAIRE

DU CHAPITRE NEUVIÈME

Méconnaissance du principe absolu de l'unité sociale. — Volonté nationale substituée au principe social. — Confusion des droits individuel et gouvernemental. — Conséquences sociales et politiques. — Lutte des deux puissances. — Despotisme. — Anarchie. — Publicistes et Gouvernants aveugles. — Trois causes de l'erreur. — Deux écoles. — Comédie gouvernementale. — Bon sens du peuple.

CHAPITRE IX

LA SOUVERAINETÉ NATIONALE

— Les vérités précédemment établies (VIII, 116) touchant les rapports du Gouvernement et du Législateur, celle, notamment, qui reconnaît au premier le droit de résister, même par la force, aux volontés arbitraires du second, sont-elles généralement admises autour de nous?

Les écrivains et les hommes politiques professent, pour la plupart, des opinions contraires.

— Pourquoi cela?

Une observation incomplète des faits sociaux leur voile, sur ce point, la vérité.

— Quel fait social négligent-ils?

Le fait nécessaire, le principe absolu de l'Unité sociale dont le Gouvernement est la personnification et d'où il tire son origine, ses devoirs et ses droits (VII, 99).

— Que résulte-t-il de là?

Méconnaissant ce principe absolu et, par suite, la véritable origine du Gouvernement, ils font procéder ce même Gouvernement, ses devoirs et ses droits, de la Volonté nationale diversement exprimée.

Il leur semble que reconnaître au Gouvernement une origine, des devoirs et des droits indépendants de cette volonté, c'est dépouiller la Nation d'une prérogative.

— Comment dépouiller la Nation de ce qui ne lui appartient pas?

Ils oublient, en effet, ces hommes, qu'on ne dépouille pas la Nation en lui déniant un droit que la raison et les principes sociaux lui refusent;

Que la Liberté individuelle représentée par le Peuple et l'Unité sociale personnifiée par le Gouvernement sont deux éléments distincts d'origine et de caractère ;

Que si l'individu a ses devoirs et ses droits, le Gouvernement a les siens, en rapport avec ses fonctions nécessaires et spéciales ;

Que ces deux puissances parallèles, Peuple et Gouvernement, s'embarrassent mutuellement, au grand détriment de la paix sociale, quand on les confond ensemble ;

Que les droits de la Nation risquent de ne plus être respectés quand elle s'élève injustement contre les droits et l'autorité du Gouvernement ;

Que si, dans cette lutte contre nature, la Nation est victorieuse, cette victoire est presque toujours douloureusement payée par l'anarchie et les maux qui en résultent ;

Que si, au contraire, c'est le Gouvernement qui l'emporte, la Liberté sombre, le plus souvent, dans un despotisme non moins redoutable.

— Par qui ces vérités se trouvent-elles plus spécialement combattues?

Ces vérités si évidentes et si pleinement justifiées par l'expérience sont battues en brèche, dans leur principe, par la plupart des publicistes de nos jours.

—Quelle est la cause de leur aveuglement?

Il y en a plusieurs.

L'importance capitale de la Liberté en est une. Ce fait s'impose à certains esprits avec une force telle que, pour eux, toute autre notion politique disparaît.

Une autre cause d'erreurs est le défaut d'éducation philosophique, défaut trop général et qui rend difficile, pour ne pas dire impossible, à beaucoup d'intelligences, la considération des principes supérieurs dont on a vu que le Pouvoir émane.

Un dernier écueil enfin, est la faiblesse

naturelle de l'esprit humain qui parvient rarement à considérer à la fois et à combiner ensemble deux idées distinctes.

Or nous nous trouvons ici en présence de deux grands faits sociaux : le Droit de l'homme et le Droit du Pouvoir.

Devant ces deux notions parallèles, les uns — c'est le plus grand nombre — se préoccupent uniquement de la première; les autres ne voient que la seconde.

De là deux écoles et deux courants opposés.

La vérité est dans leur accord, mais cet accord est malaisé.

La politique est une science, science à la fois théorique et pratique, basée sur la raison et sur les usages traditionnels, fruits de la sagesse et de l'expérience des siècles.

Il ne faut rien moins que tout cela, en effet, pour arriver à concilier, dans une juste mesure, les Droits de l'homme et ceux du

Pouvoir, la Liberté individuelle et l'Unité sociale nécessaire.

Les peuples dont la vie politique est encore fondée sur le respect de ces bases fondamentales jouissent de la paix publique.

Ceux chez qui elle est livrée à l'ignorance des uns et aux discussions journalières des autres, se débattent dans un réseau d'inextricables difficultés.

— Quelle est, dans cette matière, l'attitude des Gouvernements ?

Les Gouvernements, fait étrange, s'affirment hautement, parfois, comme dépendant, dans leur existence, de la Volonté nationale.

— D'où vient cela ?

Quelquefois de leur ignorance. Quelquefois aussi de leur perversité.

Certains Gouvernements, en effet, une fois établis, sûrs de leur puissance et de l'opinion publique, croient ajouter à leur force et à leur durée en demandant au peuple de consacrer leur existence par un vote que, en fait, on ne peut leur refuser.

C'est une coupable comédie.

Ces Gouvernements trompent le peuple et lui manquent de respect en lui faisant montre d'un droit qu'il n'a pas.

— Quelle est l'attitude de ce Peuple en présence de l'erreur que nous combattons?

Le Peuple seul, soutenu par son bon sens naturel, échappe encore à l'illusion dangereuse dite de la Souveraineté nationale, et ses masses profondes témoignent d'instinct, par leur respect de l'autorité et une soumission, parfois exagérée, qu'elles reconnaissent dans leurs Gouvernements un pouvoir qui ne vient pas d'elles.

SOMMAIRE

DU CHAPITRE DIXIÈME

Insurrection. — Devoir d'insurrection — Droit d'insurrection. — Dépositaires du Droit. — Autorités sociales. — Responsabilité. — Rôle de la Papauté.

CHAPITRE X

LE DROIT D'INSURRECTION

— Quel que soit le respect, inné pour ainsi dire, du peuple pour l'autorité, ce peuple néanmoins est sujet à se révolter contre elle (VIII, 116). Comment s'appelle le fait, pour des citoyens, d'user de violence envers le Gouvernement?

L'Insurrection.

— Si l'insurrection est un fait coupable dans les circonstances que nous avons envisagées, l'est-elle toujours ? Peut-on concevoir, en d'autres termes, que des citoyens aient, dans certains cas, le Droit de s'insurger contre leur Gouvernement ?

Le Droit est l'inviolabilité de celui qui accomplit un Devoir. Pour que des citoyens aient le Droit de s'insurger, il faut donc qu'ils en aient le Devoir.

— Peut-on concevoir que des citoyens aient le Devoir de s'insurger contre le Gouvernement ?

Tant que les hommes qui disposent de la force publique remplissent leur devoir spécial de protecteurs du droit, ils sont, par là-même, inviolables.

Mais s'ils venaient à cesser de remplir ce devoir, leur inviolabilité s'éteindrait aussitôt.

Ils seraient encore une force, mais une force sans droit.

Du même coup, la Société se trouverait sans Gouvernement véritable, les droits des citoyens sans protection, l'unité sociale menacée.

S'il se rencontrait, en pareil cas, des citoyens

assez intelligents, énergiques et forts pour comprendre la situation nouvelle et assumer le rôle ainsi délaissé de protecteurs du droit, leur devoir serait de le faire et de se substituer, de gré ou de force, à ces prétendus gouvernants qui, en cessant de remplir leurs fonctions, ont perdu leur raison d'être.

On peut donc concevoir, pour des citoyens, un Devoir, et par conséquent un Droit d'insurrection.

— Est-il aisé pour un citoyen de déterminer le moment où son devoir est de s'insurger contre le Gouvernement de fait?

C'est demander s'il est aisé, pour un citoyen, de déterminer le moment où la Société, bien qu'ayant un Gouvernement en apparence, n'en a plus en réalité, et où lui, citoyen, a, par lui-même et par d'autres, la force suffisante pour assumer contre le Gouvernement de fait le rôle de protecteur des droits.

Il faut reconnaître que cette détermination

est délicate, malaisée et, la plupart du temps, au-dessus des forces des citoyens.

Elle suppose chez eux une connaissance des faits, une force de raison, et en même temps un ensemble de moyens matériels, qui se trouvent rarement réunis dans la pratique.

— Qu'en résulte-t-il en ce qui touche le Devoir et le Droit d'insurrection ?

Il en résulte que ce Devoir et ce Droit n'exis-tent pas directement pour la masse des ci-toyens et qu'il ne peut exister ainsi que pour un petit nombre d'hommes que leur connais-sance des faits, leur étude des principes et de l'histoire, leur raison, leur indépendance de caractère, leur situation sociale, mettent à même de juger le Gouvernement, de consta-ter qu'il ne remplit plus ses fonctions et de constituer la force qui le supprimera.

C'est à ces hommes, éléments indispensa-bles de toute société prospère, et qu'on a ap-pelés à juste titre des « autorités sociales », c'est à ces hommes qu'incombe directement, quand il y a lieu, le devoir et le droit d'insurrection. C'est à eux qu'il appartient de se tourner, au besoin, vers le peuple, de lui faire connaître les faits, de lui exposer la situation, de l'enseigner, pour ainsi dire, et de faire apparaître ainsi chez lui ce Devoir et, partant, ce Droit d'insurrection que les événements ont fait naître.

— Ces hommes n'assument-ils pas une écrasante responsabilité ?

Ils assument une responsabilité redoutable en se faisant les adversaires de la force qui a personnifié longtemps peut-être, et qui personnifie encore aux yeux du peuple le principe divin de l'unité sociale.

La mission qui leur incombe est une grande, difficile et périlleuse mission.

Leur devoir n'en existe pas moins.

— Quelle puissance morale d'un ordre particulier peut leur venir en aide à cette heure difficile ?

Ces hommes, dans la terrible nécessité où ils se trouvent, ne peuvent entourer leurs décisions de trop de lumières, leur action de trop d'autorité.

S'ils agissent dans une société chrétienne, une grande puissance morale peut leur venir en aide.

On a vu, en pareil cas, cette puissance morale, la Papauté, jeter son autorité dans la balance et, protectrice impartiale de la liberté des peuples, montrer elle-même à ces peuples leur devoir et leur droit de résistance, les déliant de ce qu'ils pouvaient encore considérer comme une obligation d'obéissance envers des gouvernants indignes de ce nom.

SOMMAIRE

DU CHAPITRE ONZIÈME

Durée limitée du Droit gouvernemental. — Loi de
cette durée. — Extinction du Droit gouvernemental.
— Extinction de ce droit chez les Gouvernements coupables. — Son extinction chez les Gouvernements
légitimes. — Leur puissance de protection sociale,
raison d'être de leur droit. — Leur impuissance, cause
de sa disparition. — Fidélité. — Conscience.

CHAPITRE XI

LA DURÉE DU DROIT DES GOUVERNANTS

— Le Droit des Gouvernants, que nous avions vu déjà limité dans son étendue (VII, 100), vient de nous apparaître limité aussi dans sa durée (X, 132). Quel est le fait qui règle cette durée ?

L'accomplissement, par ces Gouvernants, de leur Devoir de protection sociale.

— Comment cela ?

Le Droit est l'inviolabilité de celui qui accomplit son Devoir.

Or le devoir des Gouvernants est la protection de la liberté individuelle.

Leur droit existe donc aussi longtemps qu'ils accomplissent ce devoir.

Il s'éteint quand ils cessent de le faire.

C'est ainsi que tout se simplifie à la lueur des principes. Le même devoir de protection sociale qui nous aidait naguère à fixer l'étendue du droit des Gouvernants nous permet ici d'en déterminer la durée.

— Dirons-nous donc, d'une manière absolue, que le Droit des Gouvernants s'éteint par le seul fait que ces mêmes Gouvernants cessent de remplir leur Devoir de protection sociale ?

C'est la conséquence nécessaire des principes sociaux, peu nombreux mais solides, dont nous avons successivement constaté l'existence.

— C'est une conséquence qu'il est aisé d'admettre s'il s'agit d'un Gouvernement qui, par ignorance, erreur ou corruption, cesse de remplir son devoir de protecteur.

Mais il n'en est pas toujours ainsi.

Il arrive malheureusement que de bons Gouvernements cessent de remplir ce même devoir parce qu'injustement attaqués et violemment renversés, ils se trouvent réduits à l'impuissance, dépouillés de tous moyens d'action, anéantis.

Ne répugne-t-il pas qu'on puisse dire de ces Gouvernements simplement malheureux, tout comme des Gouvernements coupables, que leur Droit est éteint?

Remarquons tout d'abord que le fait qu'on suppose est rare. Il est rare de voir tomber un bon Gouvernement, c'est-à-dire un Gouvernement doué des qualités nécessaires à l'exercice de sa fonction.

Quand on considère de près la docilité naturelle des peuples, leur respect inné de l'autorité, leur éloignement pour l'opposition, leur répugnance pour le changement, on est obligé de reconnaître que les catastrophes politiques sont bien plus souvent la faute des Gouvernants que celle des gouvernés [1].

— Si rare qu'il puisse être, le fait peut se présenter. S'il se présente, que dirons-nous ? Dirons-nous d'un bon Gouvernement, tombé sans qu'il y ait de sa faute, que son Droit est éteint ?

La raison nous oblige à le dire et tout esprit non prévenu le comprendra.

Le Droit— ne nous lassons pas de le répé-

---

[1] « Quelque haut qu'on puisse remonter pour rechercher, dans les histoires, les exemples des grandes mutations, on trouvera que jusques ici elles sont causées ou par la mollesse ou par la violence des princes. En effet, quand les princes négligeant de connaître leurs affaires et leurs armées, ne travaillent qu'à la chasse, comme disait cet historien, n'ont de gloire que pour le luxe ni d'esprit que pour inventer des plaisirs ; ou quand, emportés par leur humeur violente, ils ne gardent plus ni lois ni mesures, et qu'ils ôtent les égards et la crainte aux hommes en faisant que les maux qu'ils souffrent leur paraissent plus insupportables que ceux qu'ils prévoient, alors ou la licence excessive ou la patience poussée à l'extrémité menacent terriblement les maisons régnantes. » (BOSSUET, *Or. fun.*)

ter — est l'inviolabilité de celui qui accomplit son Devoir.

Le devoir du Gouvernement simplement malheureux dont on parle ici était un devoir de protection des droits et de la liberté des citoyens.

Ce devoir ne fût pas né pour lui si, à un moment donné, il n'eût pas disposé d'une force supérieure qu'il avait l'obligation morale de mettre au service de la Société.

Ce devoir né, pour lui, de la force dont il disposait ainsi, ne saurait donc subsister quand cette force vient à disparaître.

A l'impossible, nul n'est tenu.

A ce Gouvernement d'hier, impuissant, anéanti, sans force aujourd'hui, il serait absurde et injuste d'imposer un devoir de gouverner qu'il ne peut plus remplir.

La force lui avait donné ce devoir, sa faiblesse l'en décharge. L'effet disparaît avec la cause.

Or s'il n'a plus le Devoir de gouverner, il n'en a plus le Droit.

— N'est-ce pas justifier toutes les violences et toutes les usurpations ?

Nullement.

Les violents qui se sont insurgés contre ce Gouvernement et l'ont renversé sont éminemment coupables. Ils répondront de leur crime devant Dieu, souvent même devant cette Société qu'ils n'ont pas craint d'attaquer dans un de ses éléments les plus essentiels.

Ils n'en ont pas moins créé une situation nouvelle dont il serait puéril de ne pas vouloir constater le fait et déduire les conséquences.

Or le fait est que le Gouvernement renversé n'est plus une force capable de protéger les droits et la liberté des citoyens.

S'il ne peut plus le faire il n'a plus le Devoir de le faire, et si son Devoir cesse son Droit s'éteint.

Pour bien comprendre cela, il faut se rappeler quelle est la raison d'être des Gouvernements :

Que cette raison d'être est la défense sociale ;

Que la Société n'est pas faite pour eux, mais eux pour la Société [1] ;

Que si, par conséquent, à un moment donné et pour quelque cause que ce soit, fût-elle injuste et regrettable, un Gouvernement se trouve, en fait, dans l'impuissance absolue de remplir sa mission de protecteur social, il n'a plus de raison d'être, plus de Devoir par conséquent, et, partant, plus de Droit.

Ces vérités peuvent sembler dures aux hommes qui ont pris l'habitude de mettre en première ligne des sentiments d'affection, de respect et de fidélité pour les Gouvernements tombés et qu'ils ont servis ; elles n'en sont

---

[1] « Les grands ne doivent leur élévation qu'aux besoins publics... et ils sont faits pour le peuple. » (MASSILLON.)

pas moins des vérités, et qui s'imposent comme telles à l'adhésion et à la conscience de tous les citoyens quels qu'ils soient [1].

[1] Une des grandes intelligences du XIXe siècle, le pape Léon XIII, envisageant, à la lueur de la raison, la situation des partis en France, a essayé d'y ramener les esprits à la juste conception de la légitimité gouvernementale.

S'il n'y a qu'imparfaitement réussi tout d'abord, c'est que la génération contemporaine, de plus en plus dénuée d'éducation philosophique, ne s'élève qu'à grand'peine à la vision des principes absolus qui ont une part nécessaire dans la direction des choses humaines de quelque nature qu'elles soient. Or si la parole de ce pape, dans la forme où elle était donnée, n'obligeait pas directement ceux à qui elle s'adressait, elle y tendait néanmoins, en leur montrant la raison qui, une fois aperçue, devait engager naturellement leur conscience.

SOMMAIRE

DU CHAPITRE DOUZIÈME

CHAPITRE XII

LES GOUVERNEMENTS NOUVEAUX

-— Qu'arrive-t-il quand, bon ou mauvais, un Gouvernement se trouve anéanti ?

De deux choses l'une : ou une force nouvelle remplace immédiatement la force détruite et remplit la fonction de protecteur du droit ; ou aucune force protectrice ne surgit et la Société reste sans défenseur.

—Que devient, dans le premier cas, le Droit de gouverner ?

La nécessité sociale et la force qu'il mettait à son service étaient la raison d'être du Gouvernement détruit (VII, 99. — XI, 145).

Lui disparu, cette même nécessité sociale

subsistait inéluctable, réclamait un autre instrument capable de remplir la fonction restée en souffrance, exigeait sans délai un nouveau protecteur qui trouverait en elle, comme le précédent, sa raison d'être, son devoir et son droit.

En protégeant la liberté sociale, la force nouvelle accomplit donc un Devoir, est inviolable dans cet accomplissement, exerce un Droit.

— Mais il peut se faire que cette force nouvelle soit celle-là même qui a détruit l'ancienne. Lui reconnaîtrons-nous, dans ce cas, le Droit de gouverner?

Personne assurément ne le lui contestera si la force renversée par elle était une de ces forces oppressives contre lesquelles il y a lieu (X, 132) d'accomplir un devoir et par suite d'exercer un droit, d'insurrection.

— Mais si la force détruite était une force vraiment gouvernementale, remplissant ses devoirs, inviolable par conséquent, dirons-nous encore de la force nouvelle qui l'a renversée et a pris sa place qu'elle a le Droit de gouverner ?

La question, à première vue, semble délicate.

Pour la résoudre, il faut se rappeler tout d'abord ce que nous avons établi précédemment (XI, 143), à savoir que la force détruite se trouve, par le fait même de son impuissance absolue, déchargée du devoir de gouverner, et que, le droit n'étant autre chose que l'inviolabilité de celui qui accomplit un devoir, cette force détruite, ainsi déchargée de son Devoir, n'a plus, dès lors, le Droit correspondant.

Ce fait que le Gouvernement détruit ne conserve ni le Devoir ni, par conséquent, le Droit de gouverner est on ne peut plus important pour la solution de la question posée.

— Pourquoi cela?

Parce que ceux qui examinent cette question sont ordinairement et surtout préoccupés de la pensée que, dans le cas dont il s'agit, le Gouvernement nouveau est une forcé perpétuellement injuste, injuste non seulement à l'origine — ce qui est vrai — mais encore et toujours dans l'avenir, en ce qu'elle exerce à son profit un droit de gouverner qui ne cesse pas d'appartenir à son prédécesseur.

Or cette dernière opinion est erronée, puisque ce prédécesseur, comme on l'a vu, a perdu, avec sa puissance, son devoir, et par conséquent son droit, de Gouvernant.

Cette difficulté une fois écartée, on voit immédiatement combien la question se simplifie.

Il ne s'agit plus, en effet, que de savoir si un Gouvernement, usurpateur à l'origine, peut, à un moment donné, se trouver investi d'un droit qui, en fait, n'appartient plus à personne autre.

— Comment résoudre cette question?

Comme les précédentes, en jugeant les faits à la lumière des principes.

Le Droit est l'inviolabilité de celui qui accomplit un Devoir. Si, toute coupable qu'elle soit d'avoir attaqué et renversé ce qui était légitime, la force nouvelle ainsi substituée à l'ancienne se trouve, à un moment donné, définitivement établie, seule protectrice réelle et efficace des droits et de la liberté des citoyens, véritable instrument, en un mot, de l'unité sociale, on ne saurait nier qu'elle remplit un devoir, le devoir de gouverner.

Or si elle remplit ce Devoir, elle est inviolable dans cet accomplissement, elle exerce un Droit.

Il semble que la question soit ainsi résolue.

SOMMAIRE

DU CHAPITRE TREIZIÈME

Gouvernements successifs et inviolables. — Tout Droit est divin. — Monarchies et Républiques de Droit divin. — Extinction du Droit divin. — Gouvernements déchus. — « Rentrés dans le rang ». — Rôle social des gouvernants déchus. — Erreur commune des Monarchistes et des Républicains. — Léon XIII. — D'Orléans.

CHAPITRE XIII

LE DROIT DIVIN DES GOUVERNEMENTS

— Si le principe nécessaire de l'unité sociale explique et légitime (XII, 150, 153) l'existence de Gouvernements successifs et également inviolables, quelle valeur attribuerons-nous désormais à cette expression si souvent employée : « Le Droit divin des Gouvernements » ?

Tout Droit est divin. Tout Droit a sa source dans un Devoir supérieur, nécessaire, absolu, divin en un mot.

Le Droit des Gouvernements établis est donc bien qualifié quand on le qualifie de *divin*, et

14

l'expression dont il s'agit, ainsi entendue, est profondément juste.

Qu'il s'appelle Monarchie, Empire ou République, un Gouvernement existe *de droit divin* tant qu'il remplit son devoir de protecteur social.

Cela n'empêche pas son droit de s'éteindre si, pour une cause quelconque, il cesse de remplir ce devoir.

Il était inviolable de par Dieu parce qu'il remplissait un devoir. Il perd cette inviolabilité dès qu'il ne le remplit plus.

Tout cela vient d'être clairement établi.

— Que deviennent les Gouvernants tombés?

Ils redeviennent ce qu'eux-mêmes ou leurs prédécesseurs étaient d'abord, « des gouvernés ».

Ils « rentrent dans le rang » d'où leur puissance les avait tirés pour le service social et où leur impuissance les replace.

— Ne reste-t-il rien du passé à ces puissances déchues?

Le bien qu'elles ont accompli, les services qu'elles ont rendus à la société, les dévouements qu'elles ont suscités, leur gloire passée, la reconnaissance de la nation et de l'histoire, font de ces puissances déchues et de leurs représentants, des forces sociales de premier ordre, éminemment utilisables par cette nation qui les possède.

Ce rôle patriotique est assez beau pour satisfaire les puissances anciennes quand, obéissant à de nobles sentiments, elles conservent dans une situation nouvelle le désir légitime de servir leur pays.

Cette ligne de conduite ne s'impose pas seulement aux représentants des monarchies déchues. Il y a, en France, de véritables dynasties républicaines. Certains noms font de ceux qui les portent la personnification, héréditaire pour ainsi dire, de l'Etat populaire, leur assurant, sous cette forme de gouvernement, une influence, des honneurs et des places. La raison exige d'eux, sous d'autres régimes, cette soumission patriotique dont il vient d'être parlé.

C'est une erreur anti-sociale qui, sous un gouvernement monarchique, maintient en adversaires déclarés du Pouvoir établi, les citoyens attachés par goût ou par tradition à la forme républicaine.

C'est une erreur du même genre qui pousse trop souvent les représentants des monarchies tombées à jouer indéfiniment, à l'aide d'amis aveugles ou coupables, le rôle de Prétendants[1].

[1] V. Ch. XI, p. 146, note, LÉON XIII.
—En France, à l'heure où l'on écrit ces lignes, c'est l'honneur d'un certain nombre de membres de la famille d'Orléans d'avoir compris ces vérités et de savoir vivre en citoyens utiles de la République dans ce pays que leurs pères ont servi en Rois.

SOMMAIRE

DU CHAPITRE QUATORZIÈME

Forces anti-sociales déchaînées. — Société sans défenseur. — Lice ouverte. — Sens populaire. — Retour périodique de la force. — Loi de la force. — Remède. — Raison. — Christianisme. — Avenir.

CHAPITRE XIV

L'ANARCHIE

— Quel est le second cas qui peut se présenter dans l'hypothèse que nous avons examinée, de la chute d'un Gouvernement établi?

Le cas où aucune force protectrice nou velle ne remplace immédiatement l'ancienne et où la Société reste sans défenseur.

— Comment s'appelle le fait, pour une Société, d'être ainsi laissée sans défenseur contre les adversaires du Droit et de la Liberté?

L'Anarchie.

— Que devient, en cas d'anarchie, le Droit de gouverner?

La Société ne peut se passer longtemps de Gouvernement.

Menacée dans son existence, il lui en faut un et à bref délai.

Dans le désordre où la jettent les éléments anti-sociaux déchaînés, elle n'a ni le temps d'attendre, ni, le plus souvent, la possibilité de choisir.

La lice est ouverte.

Toute force ancienne ou nouvelle [1], capable de faire échec aux forces anti-sociales, toute force capable de gouverner, en un mot, a, par là-même, le devoir de le faire.

Ce Devoir fait son Droit.

Les peuples, dans leur bon sens, ne s'y trompent pas, et mettant l'intérêt social au-dessus des calculs des uns et des préférences des autres ils acclament, sans hésiter, comme chefs légitimes et d'où qu'ils viennent, les

---

[1] Il est préférable, quand il se peut, que ce soit une force ancienne qui mette fin à l'anarchie. La tradition, chez elle, des dévouements passés, le souvenir, chez le peuple, des

hommes d'énergie qui, refoulant par la force les éléments anarchiques, assument le rôle de protecteurs des droits et donnent à la Société un Gouvernement.

— Cette loi de la force qu'on a vu régner en maîtresse au début des Sociétés ne cessera-t-elle donc de réapparaître avec la même intensité à certaines périodes de leur existence?

Les lois sociales sont immuables. Il n'y a pas de société sans unité, et, dans le maintien de cette unité nécessaire, la Force s'affirmera toujours d'autant plus que la Raison se voilera davantage.

La réciproque, heureusement, est vraie ; le remède est à côté du mal ; et l'on a vu (II, 33 — V, 77) de quels moyens puissants l'Humanité dispose pour augmenter en elle l'empire de la Raison.

— Les sociétés à venir, s'imprègneront-

services rendus, contribuent puissamment à lui donner l'autorité et la stabilité qui lui sont nécessaires.

elles jamais assez de Christianisme pour éteindre chez elles le feu des luttes intestines et faire définitivement de cette Raison, qui est Dieu, l'élément principal, sinon suffisant, de l'Unité sociale?

« La chose vaut la peine qu'on hasarde d'y
« croire ; c'est un hasard qu'il est beau de
« courir, c'est une espérance dont il faut
« comme s'enchanter soi-même. »

TABLE ANALYTIQUE

DES

MATIÈRES CONTENUES DANS LE VOLUME

CHAPITRE II. — LE DROIT

CHAPITRE III. — LE DROIT ÉCRIT

CHAPITRE IV. — LA LIBERTÉ

CHAPITRE V. — LA LIBERTÉ CIVILE

CHAPITRE VI. — LA LIBERTÉ POLITIQUE

CHAPITRE VII. — LE GOUVERNEMENT

CHAPITRE VIII. — LE DROIT DE RÉSISTANCE

CHAPITRE IX. — LA SOUVERAINETÉ NATIONALE

CHAPITRE X. — LE DROIT D'INSURRECTION

CHAPITRE XI. — LA DURÉE DU DROIT DES GOUVERNANTS

CHAPITRE XII. — LES GOUVERNEMENTS NOUVEAUX

CHAPITRE XIII. — LE DROIT DIVIN DES GOUVERNEMENTS

CHAPITRE XIV. — L'ANARCHIE

Lyon — Imp. Pitrat Ainé, A. Roy Successeur, 4, rue Gentil. — 1105

OUVRAGES DU MÊME AUTEUR

L'Enseignement Primaire dans les campagnes.

Trois Députés.

Lettre d'un Franc-Tireur.

Un Député en Algérie.

Nos Finances.

L'Impôt militaire.

Discours parlementaires (1871-1875) : Décentralisation, Instruction publique, Lois constitutionnelles, Finances.

Rendement de compte.

Le pays de Gex.

Les prochains Traités de commerce.

Lyon. — Imp. A. Rey, 4, rue Gentil. — 17045

9 782019 700157